나를 찾는 여행!
액티브 시니어 3

| 시니어플래너들이 전하는 가슴 뛰는 인생 2막 |

나를 찾는 여행!
액티브 시니어 3

김대정, 김선주, 강인숙, 김훈, 김선영, 민경자, 박은경, 송훈, 오영연,
윤영석, 이미선, 이혜란, 최유정, 허애리, 황다미자

KSPCA 한국시니어플래너지도사협회 엮음

액티브 시니어로 펼치는 인생 2막

저출산, 고령화, 장수 시대에 접어든 우리나라는 은퇴 후에도 40~50년을 더 살아야 하는 100대 시대를 맞이하고 있습니다.

한국시니어플래너지도사협회는 이렇게 다가오는 초고령사회 진입을 준비하고 개인의 행복한 삶, 삶의 질을 개선하는 방안으로 '시니어플래너지도사'와 '시낭송&문학테라피' 자기계발 교육과정을 개설하여 운영하고 있습니다.

강의내용은 인간관계, 건강, 직업(일), 여가를 기본영역으로 하며 그 외에 주거, 자산관리, 계획과 실천, 스피치 등 시니어에게 꼭 필요한 맞춤형 콘텐츠로 이뤄지고 있습니다. 강좌가 개설된 대학 평생(미래)교육원은 이화여대, 연세대(서울, 원주), 동국대, 경기대(서울, 수원), 안양대, 숙명여대, 계명대(대구), 제주대 등입니다.

2017년 7월에는 호주지부(시드니)를 개설하고 4박 5일에 걸쳐 교민들을 대상으로 협회 소속 교수진과 함께 생애재설계(은퇴설계) 강의를 하기도 하였습니다.

또, 2018년도에는 서울본부를 주축으로 강릉(최유정), 제주(양시연), 대구 수성(오영연), 대구 달서(노윤주), 창원(강학순), 구리(강현채), 용인(권혁복), 안양(허애리), 수원(송훈), 대전(심미경) 지부 신설과 함께 앞으로 협회는 소속 회원들의 복지를 위해 공공기관, 기업체 등 사회공헌 강의에 전력투구할 계획입니다.

같은 뜻을 품고 있지만 각기 다른 15명의 생각을 한 권의 책으로 묶기는 쉬운 일이 아니었습니다. 하지만 우리의 글을 통해 액티브 시니어 시대를 열고 그 변화에 함께하겠다는 각자의 일치된 다짐이 있어 가능했습니다.

아낌없이 자신의 옥고를 내어주신 필진 여러분과 언제나 든든한 힘이 되는 협회 회원께 감사의 말씀 전합니다.

끝으로 여러모로 부족한 점이 있지만 이 책이 액티브 시니어로서 제2의 인생을 펼치는 데 밑거름이 되어, 우리 사회가 시니어가 행복하고 이를 바탕으로 모두가 행복해졌으면 좋겠습니다.

2018년 9월
한국시니어플래너지도사협회 회장 김대정

차례

머리말

1장 　 인생 뭐 있어! 한번 해보는 거지!

도전으로 채워진 2차 성장 _ 11
비우는 게 먼저다 _ 16

2장 　 행복한 삶을 위한 공감소통 시크릿

100대 시대! 인생을 행복하게 보내는 방법은? _ 21
행복한 소통의 시작 _ 25
다름을 인정하는 소통 _ 36

3장 　 당신의 시간 속에 무엇을 담고 싶습니까?

시간은 가끔 나를 지금으로 데려온다 _ 41
인생은 타이밍이다 _ 44
나다움의 인생을 설계하자 _ 48
조금 늦어도 괜찮아 바람의 여행을 즐기자 _ 50

4장 　 액티브시니어의 건강라이프

건강하게 살아야 행복하다 _ 55
건강하게 사는 법 (스트레스 관리) _ 64

5장 > **칠전팔기의 힘**

시니어의 회복탄력성 키우기 프로젝트 _ 79

6장 > **마음이 행복해지는 시낭송**

시 낭송 테라피 _ 97
무대 매너 _ 107

7장 > **뇌를 깨우는 시낭송의 멋!**

진정한 시낭송가 _ 113
미치면 통한다 _ 115
액티브시니어 반열에 서다 _ 127

8장 > **액티브시니어의 행복한 인간관계 비법**

존중받고 싶다면 상대를 먼저 존중해 주어라! _ 135
칭찬은 고래도 춤추게 하는 마력이 있다 _ 143
좋은 친구가 되어라! _ 148

9장 > **인상 마케팅 (Marketing)**

인상학(Physiognomy)이란? _ 155
마케팅(Marketing)이란? _ 157
인상마케팅과 고객 행동 _ 159
일반적인 개운(改運) 방법 _ 162
얼굴 측면 및 부위별 마케팅 전략 _ 170

10장 › 일상의 즐거움, 꽃 & 꽃 차 테라피

꽃을 만나다 _ 179
꽃 차 테라피 _ 185

11장 › 1%의 영감이 인생을 변화시킨다

깊이 사고할 때 얻어지는 지혜,
1%의 영감이 인생을 변화시킨다! _ 193

12장 › 시니어와 함께하는 긍정적인 그림책의 힘

시니어와 함께하는 긍정적인 그림책의 힘 _ 225

13장 › 인생의 도움닫기

무엇이든 할 수 있는 "나이"다,
무엇이든 할 수 있는 "나"이다 _ 247

14장 › 아드린느를 위한 발라드

아드린느를 위한 발라드(꿈) _ 267

15장 › 시니어를 위한 소통리더십 노하우

시니어를 위한 소통리더십 노하우 _ 283

1장

인생 뭐 있어!
한번 해보는 거지!

김 대 정
(金大正)

◆ 한국시니어플래너지도사협회 회장 / 교수

◆ 액티브시니어아카데미 대표

◆ 연세대, 이화여대, 동국대 등 평생교육원 출강

도전으로 채워진 2차 성장

열정(熱情)은 '포기하지 않는 것'이라고 정의한다.

나는 지금 행복한 사람이다. 왜냐하면 나에게 열정이 있기 때문이다.

퇴사와 동시에 자영업을 시작한 나는 즐겁고 행복한 시절도 있었지만, IMF 구제금융 시기를 맞으면서 큰 시련을 겪었고, 거기에 따라 많은 후유증도 경험했다. 고 정주영(鄭周永) 회장의 「시련은 있어도 실패는 없다」 책 제목이 나의 인생 항로가 되기도 하였으며, 어록 중에 "해 보기는 했어"라는 말 또한 나에게 큰 자극을 주었다.

현재 나는 2차 성장을 하고 있다. 대학부설 평생교육원에서 "시니어플래너지도사과정"을 개설하여, 한때의 어려움을 극복하고 이제 열정이 있고 유능한 수강생들을 모시고, 생애재설계 강의를 하고 있기 때문이다.

100세 시대를 넘어 100대 시대를 살아가는 우리에게는 이제 얼마만큼 삶의 질을 높여 행복한 삶을 살아야 하는지가 중요한 화두이다. 그 중에 인간관계, 건강, 일(직업), 여가생활, 주거, 자산관리(경제) 등이 장수 시대에 당면한 핵심문제이다.

이제 사회생활을 시작하는 사회초년생은 생애설계가 필요하지만, 50대 이상은 지금껏 살아온 날보다 더 중요한 인생을 살아가야 하기에, 생애재설계가 필요하다.

위 내용을 가지고 영역별로 체크하며, 시니어플래너지도사과정을 진행하고 있다.

갑작스러운 퇴직! 준비된 은퇴!
당했든 맞이했든,
모든 것은 내 책임이기에,
남은 인생을 멋지게 살아야 한다.
열정(熱情), 도전(挑戰), 2차 성장(成長)이 있지 않은가?

지금껏 가장 기억에 남는 강의는 한국시니어플래너지도사협회 호주지부(시드니)를 개설하면서 호주 교민께 생애재설계 강의를 하고 온 것이다. 많은 사연이 있겠지만, 해외에서 열심히 살아가는 교민들 한 분한 분이 열심히 강의에 임하셨던 모습이 떠오른다. 교민들께 감사의 마음 전한다.

한국시니어플래너지도사협회/총회

김대정 교수 호주(시드니) 특강 모습

내가 강사가 된 계기는 우연히 찾아왔다.

어느 날, 도심 한구석에 '문해교사 수강생 모집'이란 현수막 홍보를 보고 등록, 수강한 것이 현재 나의 모습을 만들어주었다.

문해교사는 '일상생활을 영위하는 데 필요한 한글의 기초능력이 부족하여 가정이나 사회 및 직업생활에서 불편을 느끼는 사람들을 대상으로 문자해득(문해) 능력을 갖출 수 있도록 알려주고 도와주는 일'을 한다. 문해수업 수강생들은 주로 60~70대 여성인데, 이분들은 예전 유교사상의 영향을 받은 산업화 이전 세대로서 글을 익히지 못하였기에, 삶의 애환과 한도 많다.

복지관, 주민센터, 경로당, 마을회관 등 다양한 곳에서 수업을 하였지만, 그중 잊히지 않는 모습이 있다. 경로당, 마을회관은 주로 수강생들이 밥상을 펴고 자음, 모음을 배우고 한 단어씩 익혀나가는데, 눈을 반짝이며 수업에 열중하는 모습이 너무나 아름답고 존경스러웠다. 우리의 부모님이나 다름없기에….

인생은 도전의 연속이다.

시련을 겪으며 나를 위로한 것이 문해교사 역할이었지만, 수입이 적어 '앞으로 무엇을 하면 될까?' 고민이 컸다. 무언가 새로운 도전이 필요했다.

누구나 그렇지만 항상 자기 자신의 현재를 망각할 때가 있다. 고민 끝에 도전의 연속이라는 말을 상기하고 내가 지금 잘하고 있는 전문강사가 되자고 생각했다. 강사의 꿈을 정하고 나니 콘텐츠가 문제였다. 무엇으로 콘텐츠를 잡을까? 고민을 거듭하며, 인터넷 세상을 돌아다녔다.

내가 좋아하는 사자성어가 不狂不及(불광불급)이다. '미쳐야 무엇이든 이루어 낼 수 있다'는 의미이다. 불광불급을 가슴에 새기고 서울, 경기권에서 이루어지는 시니어와 관계된 무료교육, 기관교육, 기업교육,

새벽 세미나 등을 미친 듯이 들으러 다녔다.

전문 강사가 되기 위해 내게 제일 부족한 스피치교육도 학원에 등록하여 함께 수강하였다. 스피치를 배운 건 강의의 기본이기도 하며, 강사에게 무엇보다 중요한 발표력을 얻기 위해서였다. 하지만 스피치는 생각만큼 쉽지 않았다. 발음법, 호흡법, 시선 처리, 강의 스킬 등 배울 것이 한둘이 아니었다. 수업하는 것과 대중 앞에서 강의하는 것이 무척 어렵다는 걸 깨닫는 시간이었다.

하나하나 쉽지 않았고, 많은 시간이 필요했지만 포기하지 않았다. 또 훌륭한 스승은 나를 자연스럽게 강사의 길로 이끌어갔다. 그렇게 어려웠던 강의를 지금은 즐겁게 하고 있다. 물론 지금도 끊임없이 고민하고 공부해야 한다.

로마 철학자 세네카는 "죽을 때까지 사는 법도 배우고, 죽는 법도 배운다"고 말했다.

그의 말이 아니라도 배우고 익히는 것은 삶의 기쁨이다.

비우는 게 먼저다

"사람을 얻으려면 마음을 비워라"

"채우려면 비워라."

인간관계나 심리학 등에서 많이 언급되는 말이다.

이 말은 강의에서도 유효하다.

나는 훌륭한 강의, 멋진 강의, 듣고 싶은 강의 등 다양한 강의를 자주 듣는다. 메모도, 녹음도 하지만 다시 보고, 듣고 할 시간과 마음의 여유가 없다. 물론 아주 중요한 사항은 다시 듣긴 하지만….

나는 강의할 때 한 강좌당 도움되는 문장 한두 개만은 꼭 얻어가라고 말하곤 한다. 왜? 좋은 말은 너무 많고, 강의의 모든 내용을 기억하기는 어렵기 때문이다. 또 한두 문장만 기억해도 '구체적 목표 아래 실천'한다면, 모든 걸 다 아는 것보다 더 효용이 크다고 생각하는 탓이다.

비우는 건 너무 어렵다. 비워야 하는 게 물질인 경우도 있고, 마음인 경우도 있다. 그나마 물질은 쉽다. 마음을 비운다는 건 참 어렵다.

본능적인 인간의 욕망을 포기하는 것이므로….

세상만사, 인간만사 어려운 게 인간관계(人間關係)이다.
인간관계의 5가지 법칙이 있다.

하나, 노크의 법칙   넷, 로맨스의 법칙

둘, 거울의 법칙   다섯, 짚신의 법칙

셋, 상호성의 법칙

– '좋은 글' 중에서 –

인간관계 5가지 법칙을 적용하더라도 비우는 건 여전히 어렵다.

시니어플래너지도사과정을 운영하면서 교수진과 원우로 만나고 헤어지고, 믿었던 사람한테 마음의 상처를 받은 적도 있다. 그럴 때마다 '마음을 비우자'고 혼자 다독인다.

나 또한 마음의 상처를 준 적이 있을 거다. 성인군자(聖人君子)가 아닌 이상… 하지만 실수가 아닌 의도적으로 상처를 주면 상대편은 큰 상처를 받는다. 비우고 포기하면 참 행복한 기억도 있고, 내 영역도 아니고, 내 것도 아니라고 생각하면 기분이 좋아진다.

이상하게도 편한 마음으로 비우면, 채워지게 된다. 친구 관계든, 금전 관계든 그래서 세상은 공짜도 없고, 공평하다는 생각이 들기도 한다.

우리 인생사는 모두 비우면 채워지고, 채워지면 비우는 과정이라는 생각이 들곤 한다. 물질적이든, 정신적이든 영원한 것도 없다.

주위에 함께하는 친구, 선후배, 동료, 동창생 등 많은 관계를 맺으며 살아가는 우리는 언제나 갈등과 선택의 기로에 서 있다. 갈등 속에 후회하지 않는 선택을 할 수도 있고, 선택을 잘못하여 큰 갈등을 겪는 경우도 항상 있다. 하지만 슬기롭게 처신하면 전화위복의 기회도 생기곤 한다. 나 또한 과정을 운영하면서 불편한 관계였던 분이 적극적인 후원자가 되어준 경우도 있고, 가까운 지인이었던 분과 불편한 관계가 된 경우도 있었다.

결론적으로 '모든 게 내 탓이요'보다는 대화를 통해 소통하는 것이 최우선이고, 소통 가운데 배려 또한 더불어 이어가는 것이 최선이다.

이것 또한 비우면 채워지는 방법이라 생각한다.

2장

행복한 삶을 위한
공감소통 시크릿

김 선 주

- ◆ 한국시니어플래너지도사협회 수석부회장 / 교수
- ◆ SJK 리더스코칭아카데미 대표
- ◆ 연세대, 이화여대, 동국대 평생교육원 출강

100대 시대!
인생을 행복하게 보내는 방법은?

100대 시대에 살고 있는 우리는 앞으로 남아 있는 인생을 행복하게 보내기 위해서 일을 해야 한다.

재능기부든 수익을 창출하는 일이든 사람들과 소통하면서 일을 해야 존재감을 느끼며 삶을 건강하게 보낼 수 있기 때문이다. 평생직장은 없고 평생직업은 있다는 말처럼 지금부터라도 나의 꿈을 이루며 일할 수 있는 것을 찾는 제2의 인생재설계가 필요하다.

멘토의 권유로 시작하게 된 스피치 컨설턴트는 지금 와서 생각해보면 내 삶의 정말 소중한 터닝포인트가 되었다. 그냥 그때 그 말을 흘려버렸다면 지금 무엇을 하고 있을까? 평범한 일상을 보내고 있을지도 모르겠다. 강의를 하면서 액티브 시니어에 관심을 갖게 된 것은 2년 전쯤이다. 우리는 트렌드의 변화와 시대의 흐름을 읽지 못하면 퇴보하고 만다.

김형석 교수님의 스토리, 강석규 호서대 명예총장님의 인생 스토리를 접하면서 시니어에 관심을 가지던 중 대학교 평생교육원에 시니어플래너지도사과정이 있다는 것을 알고 접하게 되었다.

김형석 교수님은 올해 99세이신데 강의활동을 활발하게 하시는 것을 보면 이 시대의 롤모델이 되기에 충분하다.

김형석 교수님은 인생의 황금기는 65세~75세라고 하신다. 그 나이가 되어야 생각이 깊어지고 행복이 무엇인지, 세상을 어떻게 살아야 하는지 알게 된다는 것이다. 나이가 많아서 도전을 못 하겠다고 하시는 분들에게 강한 각성을 주는 것 같다.

강석규 호서대 명예총장님의 스토리를 살펴보자.

"젊었을 때 정말 열심히 일했습니다. 65세에 당당한 은퇴를 할 수 있었죠. 30년 후인 95세 생일 때 후회의 눈물을 흘렸습니다. '남은 인생은 그냥 덤이다'라는 생각으로 그저 30년을 고통 없이 죽기만을 기다렸습니다. 나는 지금 95살이지만 정신이 또렷합니다. 내 나이 95세에 어학 공부를 시작합니다. 이유는 단 한 가지, 105번째 생일에 95살 때 왜 아무것도 시작하지 않았는지 후회하지 않기 위해서입니다."

– 어느 95세 어른의 수기 중에서

이 내용을 보면서 인생 후반기가 얼마나 소중한지, 그 시기를 얼마나 의미 있게 보내야 하는지 가슴 깊이 느끼게 되었다.

인생 재설계를 할 때는 건강, 인간관계, 여가생활, 직업(일), 주거, 자산관리 등의 내용을 구체적으로 점검해야 한다. 이 과정을 통해 나의 인생을 점검해 보고 재설계할 수 있을 뿐만 아니라 타인을 컨설팅해 주는 전문가가 될 수 있다.

요즘은 '시니어의 아름다운 공감스피치기법'을 접목하여 강의하는데 호응이 좋아서 행복감을 느끼고 있다. 이 강의는 실제로 적용할 수 있는 내용 위주로 다룬다.

강의 후에 청중들로부터 '시간이 너무 금방 지나갔어요', '너무 유익하고 재밌는 시간이었어요'라는 이야기를 들을 때 기분이 좋아지고 힘이 난다.

　한국시니어플래너지도사협회는 서울, 경기뿐만 아니라 전국으로 확장될 예정이다. 그만큼 액티브시니어들의 관심이 높아지고 있는 것이다.

　자기 자신을 사랑하고 사회활동을 역동적으로 하면서 취미생활도 멋지게 하는 삶, 진정 후회 없는 행복한 삶이라고 여겨진다.

행복한 소통의 시작

햇살 좋은 오후, 커피 한잔 마시며 소통이 잘 되는 사람과 웃으며 대화할 수 있다는 것은 행복한 일상이다.

나는 행복한 삶을 살고 있는 사람들을 관찰해 보았는데, 주변 사람과 소통을 잘한다는 공통점을 발견하였다. 행복한 삶을 살기 위해서는 첫째로 '소통을 잘하는 사람이 되어야 한다'는 생각이 드는 이유이다.

얼마 전, 부부 사이 하루 평균 대화 시간을 조사해 봤더니 대게 30분 이하라는 답변이 나왔다. 서로 바쁘게 살다 보니 공통의 화제도, 대화를 나눌 시간도 부족한 탓이었다. 공감소통에서 나와의 소통, 가족 간의 소통, 친구와의 소통, 조직 구성원 간의 소통은 행복의 질뿐만 아니라, 기업 및 공동체의 발전에도 상당히 큰 영향을 미친다. 그렇기 때문에 어느 대기업에서는 멘토링(Mentoring) 제도를 만들어서 신입사원은 멘티(Mentee), 선배 사원은 멘토(Mentor)가 되어 업무와 기업문화 등에 일대일로 소통하게 함으로써, 신입사원은 회사에 더 신속히 적응하게 되고 선배사원도 리더십을 가지고 일하게 된다.

책 「어린 왕자」에는 이런 대사가 나온다.

"세상에서 가장 어려운 일이 뭔지 아니?"
"세상에서 가장 어려운 일은 사람이 사람의 마음을 얻는 일이란다."
"순간에도 수만 가지의 생각이 떠오르는데 그 바람 같은 마음이 머물게 한다는 건 정말 어려운 거란다."

이 책 내용에 무척 공감한다. 사람의 마음을 돈으로 살 수는 없으니까… 이 책에서는 사람의 마음을 사로잡는 비법을 알려줄 것이다.

| 호감 가는 인상이 인생을 변화시킨다 |

첫인상이 결정되는 시간은 3초에서 7초 정도라고 한다. 얼마 전 미국 프린스턴대학 심리학 연구팀이 발표한 자료에서는 우리가 타인의 얼굴을 보고 매력이나 호감도, 신뢰도 등을 판단하는데 불과 0.1초의 시간이 걸린다고 발표했다. (2010년)

우리는 평소 인상에 대해 많이 이야기한다. 인상이 좋은 사람과는 좋은 느낌으로 소통하게 된다. 반면 인상을 쓰고 앉아 있는 사람을 보면 왠지 불편하다는 느낌이 든다.

'첫인상이 좋은데 지내보니까 더 좋은 사람인 것 같다'라는 말을 들으면 금상첨화다. '첫인상은 좀 별로였는데 지내보니 괜찮은 사람인 것 같다'라는 평도 반전 매력이 있으니 괜찮은 것 같다. 하지만 '첫인상도 별로였는데 지내보니 더 별로다'라는 평을 듣는다면 곤란하다.

링컨이 나이 40이 되면 본인 얼굴에 책임을 지라는 말을 했듯이 평상시 표정습관 하나하나가 자신의 얼굴을 만들어 나가는 것이다.

우리가 하루에 자신의 얼굴을 보는 시간은 10~30분 이내일 것이다. 여성은 화장하는 시간 때문에 조금 더 볼 것이다. 하지만 대부분의 시간 동안 나의 얼굴을 더 많이 보는 사람은 내 옆에 있는 사람이다. 의사전달의 과정에서 표정으로 소통하는 비중은 상당히 크다.

입꼬리가 위로 향하는 표정을 보면 기분이 좋아진다. 관상학에서도 입술 모양은 복을 담는 그릇에 비유되어 입꼬리가 위로 향하면 복을 가득 담을 수 있는 형상이라 하고, 입꼬리가 아래로 쳐지면 복이 옆으로 새버린다고 한다. 인상학에서도 입술 모양은 상당히 중요하다. 물론 나이가 들면 중력에 의해 얼굴 살이 처진다. 그래서 표정에 생기가 없어지는 경우가 많은데, 이런 경우 미소 트레이닝을 통해 충분히 멋진 표정을 지을 수 있다.

① 아침마다 거울 앞에서 '아, 에, 이, 오, 우~'로 얼굴 근육 운동을 해
   준다.
② '위스키~'라는 단어를 외치며 10초 머물러 있는 것을 반복한다.

'위스키'라는 단어로 연습하면 미소 지을 때 필요한 대협골근, 소협골
근, 구각거근, 안륜근 등을 움직여주기 때문에 효과적이다. 1주일만 실
행해 봐도 표정이 훨씬 밝아지는 것을 느낄 것이다. 매일 아침 이렇게
화장대 앞에서 하루를 시작하면 기분까지 좋아진다.
   좋은 인상은 좋은 마음에서 나오듯 긍정적 정서가 느껴지는 미소를
짓는 것이 훨씬 편안하다.

   하커와 켈트너는 미국 캘리포니아 오클랜드 밀즈 칼리지 졸업생을 대
상으로 30년 추적 연구를 하였는데, 인위적 미소 집단보다 긍정적 정서
가 느껴지는 미소(뒤센 미소)[1] 집단이 훨씬 건강하여 생존율도 높았으
며, 삶의 만족도도 높았다.

---

1   뒤센미소: 19세기 중반 프랑스 신경생리학자인 기욤 뒤센이 발견해낸 것
     으로 진짜 기쁘고 행복할 때 짓는 미소를 말함.

| 플러스 인사의 매력 |

사람들을 만나고 헤어질 때, 고마울 때, 미안할 때… 우리는 다양한 인사를 한다. 한 사람의 인사하는 태도를 보고 그 사람을 판단하는 경우도 종종 있다. 이왕이면 밝고 활기찬 인사를 했을 때, 서로 기분이 좋다.

몇 년 전 토크쇼에서 연예인 정준호 씨가 "신인 시절 감독들이 나를 다시 찾은 것은 인사를 잘했기 때문"이라고 이야기하는 모습을 본 적이 있다. 우리가 인사를 잘하는 것을 그만큼 좋은 인성과 연결지어 보기 때문일 것이다.

인사를 할 때는 이왕이면 칭찬을 곁들인 플러스 인사를 하면 아침부터 기분이 좋아진다. "안녕하세요? 오늘 스카프가 너무 멋지네요. 잘 어울리세요"등의 플러스 인사를 받는다면 기분 좋게 하루를 시작할 수 있다. 하지만 할까 말까 망설임이 느껴지는 인사, 무표정한 인사, 눈 맞춤을 하지 않는 인사, 받는 둥 마는 둥 하는 인사는 기분까지 상하게 한다. 인사를 잘하는 것은 좋은 인간관계로 연결된다.

몇 년 전, 한 학기 동안 스피치교육을 받았던 사업하시던 50대 중반의 여성분과 티타임을 같이하고 그분의 차를 타고 이동한 적이 있다. 내가 내릴 곳에 세워주신 다음 인사말만 하시고 그냥 가실 줄 알았는데, 차를 세운 뒤에 차 밖으로 나와 45도 인사를 건네는 모습에서 감동을 느낀 적이 있다.

또, 내가 아는 한 대치동 학원 상담 실장님은 학부모와 상담 후 꼭 엘리베이터 앞까지 나와 정중하게 배웅 인사를 하는 등 최선을 다하는데, 이 모습이 좋은 반응을 얻으면서 더욱 성장하여 부원장, 원장으로 승진했다는 이야기를 듣고 인사의 힘을 다시 한 번 실감했다.

| 상대의 마음을 얻을 수 있는 경청 |

이청득심(以聽得心). 경청함으로 상대의 마음을 얻을 수 있다는 뜻이다. 이 한자를 보면 공감된다.

우리는 많은 이야기로 상대의 마음을 사로잡으려고 하는데, 잘 들어 줘야 상대가 마음을 연다는 것이다. 내게 고민이 있을 때, 나의 이야기를 들어주는 사람이 없다면 마음의 병이 생길 것이다. 살아가면서 나의 이야기를 잘 들어주고 조언해 주는 사람이 있다는 것은 행복한 일이다. 마음의 카타르시스까지 느끼게 해 준다.

들기의 단계는 듣는척하기, 선택적 듣기, 귀 기울여 듣기, 공감적 경청으로 볼 수 있다.

사람들이 일반적으로 많이 하는 것은 선택적 듣기이다. 자신이 관심

있는 분야에 대해서만 집중하다가 다른 생각이 곧 우리의 머리를 지배한다. 듣기의 마지막 단계인 공감적 경청을 하기 위해서는 노력이 필요하다. 상대가 이야기할 때, 내가 다른 생각을 하거나, 속으로 상대의 이야기를 평가하거나, 내가 말할 것을 생각한다면 상대의 이야기가 잘 들리지 않을 것이다. 이야기에 제대로 감정까지 몰입해 보자. 앞으로의 인생이 달라질 것이다.

경청할 때는, 적절한 맞장구가 있어야 이야기가 더욱 흥미 있게 진전된다. 이야기에 동의할 때는 "네, 그렇군요", 내용을 정리할 때는 "아, 이렇다는 말씀이시군요", 공감할 때는 "저런 힘드시겠습니다", "정말 대단하신데요", 이야기를 촉진해야 할 때는 "그래서 어떻게 됐지요?" 등의 다양한 맞장구를 쳐보자.

미국에서 투자의 달인 워런 버핏과 점심 한 끼를 하는 경매를 했는데 지난해 중국기업인에게 40억원에 낙찰됐다. 낙찰자는 워런 버핏과 점심 식사를 하며 투자의 노하우에 대해 들었다. 이 경우, 경청을 통해 중요한 정보를 얻을 수 있다.

그처럼 상대의 이야기를 경청하다 보면 새로운 정보, 말하는 사람의 신념과 가치관, 현재의 생활, 니즈 등에 대해 알 수 있다. 소통에서 중요한 것은 일방적이 아닌 쌍방적으로 소통하는 것이다. 여기에서 듣기와 말하기의 비율은 7:3 정도가 좋은데, 현실에서는 대체적으로 말하기를 좋아하는 사람들이 많은 것 같다. 하지만 말을 너무 많이 하다 보면 실수하는 경우가 종종 생긴다. 또, 말을 주도적으로 너무 많이 하는 사람이 주변에 있으면 스트레스 지수가 높아진다. 대화에서는 주고받는 것이 상당히 중요하다.

효과적인 소통을 위해서는 장황하게 표현하기보다는 밝고 명료하게 표현하는 것이 좋다. 짧은 시간 안에 표현해야 한다면 두괄식으로 표현하면 아주 명쾌하다. 먼저 결과를 이야기하고 경과와 이유에 대해서 설명하면 듣는 사람은 훨씬 빠르게 이해한다. 하지만 미괄식으로 결과를 맨 나중에 표현하다 보면 듣는 사람이 지루해질 수 있다. "그래서 결론이 뭐죠?"라고 묻게 하는 경우도 많다.

사회생활을 하다 보면 많은 사람을 접하게 되기에, 매너 있는 표현을 습관화하는 것이 중요하다. 이른바 쿠션 언어와 청유형, 의뢰형의 표현을 습관화하는 것이 중요하다.

쿠션 언어는 충격을 막는 완충작용을 하는 표현으로 '실례합니다만', '괜찮으시다면', '미안하지만' 등의 표현을 가리킨다. 청유형은 '~해 주시겠습니까?', 의뢰형은 '~해도 될까요?'를 가리킨다. 우리는 말만 잘하는 사람보다 말도 잘하면서 매너 있는 사람을 좋아한다. 그래서 쿠션 언어에 청유형을 붙이거나 또는 의뢰형을 붙여 표현하면 좋다. '죄송하지만, 잠시만 기다려주시겠습니까?', '실례합니다만, 잠시 펜 좀 빌려도 될까요?' 등으로 의사표현을 하면 상대도 흔쾌히 오케이라고 답변할 것이다.

말을 할 때는 나의 언어습관을 어떻게 만들어 가느냐가 상당히 중요하다. 긍정적인 표현을 습관화할 것인지, 부정적인 표현을 습관화할 것인지. 우리는 5분 정도만 상대와 이야기하다 보면 그 사람의 성향을 파악할 수 있다.

되도록 긍적적인 말을 많이 해 보자. 그럼, 좋은 사람들이 나에게 더 모일 것이다. '할 수 있어요', '가능합니다', '네, 점점 좋아지고 있습니다' 등의 표현을 습관화해 보자.

성공한 사람들의 자서전을 읽어 보면 자존감이 높은 상태에서 '할 수 있다'는 자기 암시적 표현을 통해 일에 몰입할 때 그들이 놀라운 결과를 만들어냈다는 걸 많이 접해 보았을 것이다.

| 상대의 마음을 움직이는 칭찬의 기술 |

책 「칭찬은 고래도 춤추게 한다」가 한참 베스트셀러가 된 적이 있다. 칭찬에는 인간의 잠재력을 끄집어내는 강한 힘이 있기 때문이다.

어렸을 때 들었던 칭찬 덕분에 그 분야의 전문인으로 성공한 사람들의 사례를 우리는 많이 볼 수 있다. 또 우리는 어렸을 때 부모님께 칭찬받고 싶어 더 열심히 공부했고, 심부름했던 기억을 가지고 있다. 하지만 뭐든 과유불급이라고 칭찬도 과하면 역효과가 난다.

칭찬을 과하게 하면 상대가 경계를 한다. 뭔가 부탁받을 것 같은 느낌을 받는 것이다. 칭찬에도 기술이 필요하다.

칭찬할 일이 있을 때는 즉시 칭찬해야 효과적이다. 지난 일을 칭찬하는 것은 기억이 흐릿해진 상태라 칭찬의 효과가 반감된다. 또, 구체적으로 상대의 변화된 모습이나 장점을 칭찬해야 한다. 상대에 대해 관심을 가지면 칭찬할 것이 보이게 된다.

칭찬의 효과는 공개적으로 할 때 커지고, 결과보다는 과정과 노력하는 모습을 칭찬해 줄 때 상대는 인정받는 느낌이 들어 더욱 열중하고 싶은 생각이 든다. 사람을 대할 때 긍정적인 눈으로 보면 칭찬할 일이 더 보인다. 칭찬에는 부메랑 효과가 있어 내가 칭찬을 많이 할수록 나에게 더 크게 돌아온다.

하지만 비난과 비판을 많이 하면, 그 사람에게는 더 큰 비난과 비판이 부메랑이 되어 공격으로 돌아오게 된다.

사람들에게 존중받고 싶은 만큼 상대를 존중하라는 말이 있듯이 긍정적인 칭찬을 통해 공감소통을 나눈다면 더욱 행복한 삶을 살 수 있을 것이다.

'말이 씨가 된다'라는 속담처럼, 말에는 에너지가 있다.

에모토 마사루가 지은 「물은 답을 알고 있다」를 살펴보면 '사랑, 감사, 고맙습니다, 천사'라는 단어를 얘기했을 때 물 분자는 예쁜 눈꽃 모양으로 바뀌는데, '악마, 하지 못해, 짜증 나'등의 표현을 하면 물 분자가 일그러지는 모습을 발견할 수 있다.

모로코 속담에 역시 '말로 입은 상처는 칼로 입은 상처보다 깊다'라는 말이 있으니, 이왕이면 좋은 말을 많이 해야겠다. 그동안 많은 강의를 하면서도 청중으로부터 '강의가 너무 좋았습니다', '행복한 시간이었습니다'라는 칭찬을 들을 때 더욱더 에너지가 생겨났고, 무대에서 힘이 났다. 칭찬이란 이처럼 상대의 잠재력을 끄집어내 주는 아주 소중한 보석과 같다.

다름을 인정하는 소통

공감 소통에서 중요한 것은 역지사지(易地思之)이다. 상대방 입장에서 생각해 보면 답이 금방 나온다. 남편은 아내 입장에서, 아내는 남편 입장에서, 자녀는 부모 입장에서 사장은 때론 직원 입장에서 더 생각해 본다면 서로 타협점을 찾아낼 수 있다.

우리는 내가 좋아하는 것을 상대도 좋아할 것이라고 착각하며 살아가는 경우가 많다. 많은 사람이 한우를 좋아한다 해도 채식주의자에게 맛있는 음식은 아닐 것이다. 많은 사람이 참치회가 고급스럽고 맛있는 음식이라고 생각해도 생선회를 먹지 못하는 사람에게는 불편한 식사 자리가 될 것이다. 치킨을 먹을 때도 나는 다리를 좋아하지만 상대는 날개를 좋아할 수 있다. 상대와 소통하여 상대를 제대로 알아야 더 원활한 소통을 할 수 있다.

나이가 들어가면, 이야기를 반복적으로 하거나, 자기주장이 강해져 경청이 약해지고 타인에 대한 배려심이 부족해지는 경향이 있다. '내가 인생을 살아보니 그건 이렇게 해야 한다'는 식의 표현이다.

하지만 다양한 연령층과 소통하기 위해서는 열린 마음이 필요하다.

공자께서는 근자열 원자래(近者悅 遠者來)라는 이야기를 하셨다. 이는 '가까운 사람을 기쁘게 하면 멀리 있는 사람이 내게로 찾아온다'는 뜻이다. 현대에도 멋지게 적용될 수 있는 내용이다. 하지만, 우리는 가까운 사람은 너무 편하다고 종종 함부로 대한다. 정말 소중한 사람은 옆에 있을 텐데, 멀리서 좋은 사람을 찾는다는 것은 잘못된 생각이다.

이번 여름, 중복에 삼계탕을 먹으려고 식당에 간 적이 있다.

분명히 옆 테이블에 4인 가족이 앉았는데 너무나 조용한 것이다. 그래서 봤더니, 4인 가족 모두 스마트폰을 보면서 삼계탕이 나오는 15분 정도까지 한마디도 안 하는 것을 보고 깜짝 놀랐다. 소통이 없는 가족이 요즘 진짜 많다는 것을 실감하게 되었다. 서로 얼굴을 보고 눈을 맞추며 이야기하면 밥 먹는 분위기가 훨씬 좋을 텐데….

우리가 사람을 대할 때 호감 가는 표정, 기분 좋은 플러스 인사, 상대의 마음을 얻는 경청의 자세로 칭찬하고 다름을 인정한다면 행복한 소통을 할 수 있다.

　나는 앞으로도 전문 강사로서 청중과 기분 좋은 소통을 하는 것이 행복한 삶이라고 생각한다. 가족, 친구, 그 외에 많은 사람들과 원활한 공감소통을 하면서 더욱행복해지기를 희망해 본다.

[참고문헌]

에모토 마사루, 『물은 답을 알고 있다』

김주환, 『회복 탄력성』

앙투안 드 생텍쥐페리, 『어린 왕자』

3장

당신의 시간 속에
무엇을
담고 싶습니까?

강 인 숙

(사회복지학 석사)

◆ 액티브시니어플래너 지도사 / 노인통합교육지도사

◆ SBH리더스코칭 스피치전임강사

◆ 세계아동요리협회 요리심리상담사

◆ 세종로국정포럼 어린이집위원장

시간은 가끔
나를 지금으로 데려온다

아침을 깨우며 머리로는 하루 일정을 그리고 손과 발은 쉼 없이 동선을 넓혔다 좁혔다 여러 모양의 도형을 그려가며 바쁘게 움직인다.

출발점과 도착점이 같은 오늘은 지워지겠지만 지금 매일 만나는 이 아침이 내게는 선물이다.

60번째 생일을 맞은 오늘, 선물 같은 이 아침에 문득 생각해 본다.

'커서 무엇이 되고 싶어? 하고 싶은 일이 뭐야?'

멀리 갈 것 없이 어린이집을 운영하는 나는 유아들에게 물어보았다.

어떤 아이가 아빠가 되고 싶다고 말한다. 그러니까 다른 친구들도 서로서로 아빠 되는 게 꿈이라고 한다. 이 말을 듣는 순간 아이의 부모님이 부모로서 참 잘 살아오셨구나…라는 생각이 들었다. 아이에게 큰 바위 얼굴처럼 멋진 아빠로 기억되고 있으니 말이다.

또 다른 한 아이는 환경미화원이라고 했다. 왜 그렇게 생각하냐고 물었더니 깜깜한 밤중까지 동네를 깨끗하게 치워주기 때문이라는 것이다.

아이의 기특한 생각을 부모님께 전해드렸더니 실망하는 목소리와 흔들리는 눈빛을 비쳤다. 하지만 다음날 나는 큰 목소리로 그 아이들에게 엄지 척을 들어주었고, 하이파이브를 하며 멋지다고 칭찬해 주었다.

나는 이 아이들이 순수한 꿈을 계속 꾸리라 믿는다. 그 꿈의 내용은 달라지더라도 또 다른 이름으로 이루리라 믿는다.

지금은 초등학교지만 나 때는 국민학교 5학년 때, 나는 선생님 되는 게 꿈이었다. 당시 담임은 여선생님이셨는데 가끔 자신의 5살 정도 되는 아들을 데리고 출근하셨다. 그 당시에는 '아이를 학교에 왜 데리고 오시지?'라는 생각보다도 나도 선생님이 되어 아이를 낳게 되면 학교에 아이를 데리고 출근할 수 있겠다는, 지금 생각하면 황당하고도 과감한 (?) 꿈을 꾸었다.

꿈에 다가서는 사범대학에 입학한 다음 꿈을 이룬 교사로서의 첫 근무지는 육지에서 배를 타고 20여 분 정도 들어가는 중학교에서 시작했다.

순수하고 순박한 청소년들과의 첫 만남은 기대와 설렘 그 이상이었고, 담임을 맡으며 나의 꿈은 실현돼 갔다.

첫 발령인 2학년 2반의 담임으로 근무하며 아이들과 행복하고 즐겁게 지냈고, 때로는 성대에 무리가 가서 쉰 목소리로 수업해야 했지만 용각산을 먹어가며 열정을 쏟아냈다.

가끔은, 20대의 첫 근무지였던 학교 앞 소나무 숲에서 선생님들과 기타반주에 맞춰 노래도 부르며 별이 뜨는 저녁까지 도란도란 이야기를 나누었던 바닷가의 바람과 시간들이 다양한 삶의 현장에서 지금의 나를 데려온다.

우리 반 학생들과 가을 소풍 중에

3장 당신의 시간 속에 무엇을 담고 싶습니까?

인생은 타이밍이다

뉴스 지면에서는 저출산(2017년 출산율 1.03명), 고령화(2017년 노인 인구 14%)로 기울어진 인구문제가 사회경제에 미칠 영향과 미래의 심각성을 연일 보도한다.

나는 베이비붐 세대(1955년~1963년생)로 12남매 다둥이 가족의 막내다. 우리나라 경제성장의 주역 세대로서 당당한 삶을 기대하며 성장했지만, 고령화가 급속도로 증가하며 인구정책과 맞물려 노후를 염려하는 현실에 서 있다. 그렇지만 나를 포함, 다양한 곳에서 자신의 역량을 펼치며 제2의 인생을 사회봉사와 문화활동으로 행복하게 보내는 액티브시니어들이 많다.

100세 인생이라는 노래가 한창 유행할 때 집중해서 들어본 적이 있다. '와우~~ 어쩜 이렇게도 공감 가는 노랫말일까!' 이 노래를 들으면서, '누가 나에게 나이 들었다고 하거든 나는 아직 젊어서 못 간다고 전하기만 하면 되는 거다!'라고 생각했다.

육십 세에 저 세상에서 날 데리러 오거든,

아직은 젊어서 못 간다고 전해라

칠십 세에 저 세상에서 날 데리러 오거든,

할 일이 아직 남아 못 간다고 전해라

팔십 세에 저 세상에서 날 데리러 오거든,

아직은 쓸만해서 못 간다고 전해라

구십 세에 저 세상에서 날 데리러 오거든,

알아서 갈 테니 재촉 말라 전해라

백 세에 저 세상에서 날 데리러 오거든,

좋은 날 좋은 시에 간다고 전해라

번뜩 대학 3학년 때의 일이 생각났다. 교수님께서 너희는 몇 살까지 살 것 같으냐고, 몇 살까지 살고 싶으냐고 물으셨다. 나는 쏜살같이 손을 들고 60살까지 살고 싶다고 말했다.

그 후 나는 졸업하여 깜깜하게 나이를 잊고 지냈고, 결혼하여 아이를 낳고 자녀들이 성장하는 것을 보면서 점차 내 나이를 인식하게 되었다. 순간 아뿔싸!

그 옛날 60살까지 살고 싶다고 했었는데, 진짜로 그렇게 된다면 앞으로 내겐 10여 년밖에 안 남게 되는데 어떡하지… 자식들의 결혼도 못 보고 저세상으로 가는 건데…. 그건 안 되겠다 싶어 기독교 신자인 나는 기도를 했다.

성경에서 수명을 연장 시킨 인물을
기억해내며 미주알고주알 어릴 적의
말을 상기하며 80살까지 수명을 연장
해 달라고 간절하게 소원을 빌었다.

지금 내 나이가 60살이다. 인명은
지천명이지만 나의 기대 수명을 80살
까지로 소원하였기에 20년을 더 향
유할 수 있다면 내게는 이제 175,200
시간이 남은 셈이다.

남은 인생 더 행복하고 건강하시라고…
나의 두 자녀가 부모 되어 주심에 감사하다며 응원의 파티를 해 주었다.
그때의 행복과 앞으로의 또 다른 행복을 지금 이 순간에도 시간 속에
담고 있다.

언젠가 버스광고에서 「나는 120살까지 살기로 했다」라는 책 제목을
보는 순간, 어떻게 120살까지 살라는 말인가 생각했다.
제한 속도가 없는 독일의 아우토반 고속도로를 달리는 것보다 빠르게
노년을 맞게 될 미래의 삶을 서둘러 계획하게 되었다. 다행히 늦었다고
여겨질 때가 또 다른 시작점이 된다는 것을 깨닫게 된 것이다.

30여 년을 앞만 보고 달리며 교육과 보육현장에서 청소년과 영유아들과만 활동하다 보니 사회변화에 민감하지 못했던 나는 이런 사실에 놀라기도 하지만, 100세를 넘어 120세까지 살 수 있다면 아직도 살아갈 날이 반이나 남은 인생을 내가 하고 싶은 일, 잘할 수 있는 일을 찾아 해 보기로 했다.

그 계기로 인해 시니어플래너지도사 자격을 획득하게 되었고, 사회복지에 관심을 가지고 늦깎이 나이에 대학원에 입학하여 사회복지학을 전공했고, 당당히 석사학위를 수여 받게 되었다. 이런 나의 도전은 베이비붐 세대로써 맞이하는 퇴직과 은퇴를 염려하기보단 가슴 뛰는 기대감으로 다시 희망차게 미래를 향한 숨어 있던 열정을 찾게 만들었고, 더불어 즐겁게 잘할 수 있는 강의도 시작하게 만들었다.

가장 기본적인 청중과의 공감과 소통을 위해 스피치의 기본부터 배워 강사과정을 마치고, 인구교육전문강사, 영유아와 청소년을 대상으로 하는 푸드테라피 집단상담사, 아동심리요리지도사, 노인복지 관련 노인통합교육관리사 자격을 갖춰 지금은 지역사회와 대학 평생교육원에서 즐겁고 행복하게 강의를 하고 있다.

나다움의 인생을 설계하자

우리는 3이라는 숫자를 즐겨 사용한다.

가위바위보도 삼세번하고, 게임도 삼세번은 한다. 심지어 내 머리카락 색깔도 세 가지다. 뿌리에서 돋아나는 희뜩희뜩한 흰머리, 시간이 지나 염색이 흐려지면서 변색된 갈색 머리, 원래 머리카락 색인 흑갈색 머리.

이런 것을 보면 인생도 이런 과정을 지난다는 생각이 든다. 나의 의지는 아닐지라도 한 부모의 자녀로 태어났고, 지금의 남편을 만나 제2의 인생을 시작했고, 지금은 자녀들의 독립과 나 자신의 퇴직을 앞둔 상황으로 나다움의 인생설계 중 3단계 과정에 와 있다고 생각한다.

나다움의 인생을 설계하려면 무엇보다 나를 먼저 이해해야 한다. 어느 시에서 누군가 나의 '이름'을 불러 주었을 때 꽃이 되었듯이.

그 꽃은 모양도, 색깔도, 계절도 다르게 피듯이. 우주의 주인공인 나의 존재를 존중하며, '나'만의 이름으로 꽃을 피워보자. 세상의 수많은 사람과 육체적, 물리적 존재로서 다른 점뿐만이 아니라 심리적, 정서적 측면에서까지의 다름을 인정하고 그것이 무엇인지를 찾아보자.

먼저, 나는 나와 다른 사람과의 차이를 알고 있는가

우리의 나이, 성별, 건강상태, 성격, 직업, 외모, 생활 수준, 환경 등은 다른 사람과 다르다. 이 다양한 정보를 통해 우리는 우리가 할 수 있는 일과 하고 싶은 일을 구분하고, 어떻게 그 일을 시작할 것인가에 대한 기준을 세울 수 있다. 개인적 차이는 있지만 우선 다른 사람과 나의 다름을 인정하면 구체적이고 합리적인 설계를 할 수 있다.

절대적 기준은 존재하지 않는다

사회적으로 유능한 사람들은 저마다의 독창성과 창의성으로 그 능력을 가치로 인정받는다. 차이와 다름은 자신이 어떻게 생각하고 가꾸느냐에 따라 개성과 가치가 될 수 있지만, 그것이 절대적인 기준은 될 수 없다.

차이와 다름을 나는 어떻게 인식하고 있는가

우리는 어려서부터 거북이와 토끼 경주 이야기, 흥부와 놀부 이야기, 황새와 뱁새 이야기를 들어왔다. 현대사회에서는 그 내용이 다양한 각도로 해석되고 있지만, 어떠한 이유에서든지 자신의 역량 이상을 요구하는 일에 과도한 욕심을 가지고 도전하여 과부하로 쓰러지거나 흥미를 잃고 도중 하차하는 등의 문제는 자주 발생한다.

그러므로 자신의 역량을 정확하고 세밀하게 파악하고, 그 역량에 맞는 수준에서 삶을 계획해야 조화롭고 균형적인, 건강하고 행복한 미래를 설계할 수 있다. 그리고 그런 삶은 내 이름만으로 삶의 의미를 충분히 가치 있게 느껴지도록 만들 것이다.

조금 늦어도 괜찮아
바람의 여행을 즐기자

몇 년 전 삼악산으로 등산을 갔다.

평소 걷기나 트레킹 정도의 운동만 했던 나는 그것만으로 근육의 준비운동은 충분하다는 오만함을 갖고 산에 오르기 시작했다. 그러나 오르기 시작하자마자 머리가 어질어질, 숨은 턱 막히는 게 아닌가!
'괜히 왔나 보다… 나에게 아직 등산은 무리인데…'

동행한 지인들에게 민폐를 끼칠까 묵묵히 씩씩거리며 오르고 오르다, 나는 정상까지의 도전을 654m 남겨두고(산은 언제나 그 자리에 있으니까) 용감하게도 "표지판만 세우면 길이 됩니다~~"라는 농담 반 진담 반을 남기고, 갈림길에서 샛길을 선택하여 하산했다.

정상 정복까지의 쾌감을 느끼지는 못했으나 나는 '올라갈 때 못 본 그 꽃 내려갈 때 보았네'라는 시 내용처럼 또 다른 길을 찾아, 주변을 둘러보고 계곡 물에 발도 담가보면서 초록 숲의 바람과 함께 여유롭고 즐겁게 하산했다.

그 일 후, 변화가 생겼다. 조금은 늦더라도 서두르지 말고 멈추지도 말자 라는 것이다.

현대인은 언제 어디서나 만능 엔터테이너가 되길 원하고, 앉아서 리모컨만 누르면 원하는 채널이 나오는 정도의 속도전을 요구한다.

그러나 아날로그의 여유를 즐겨보자. 힘들면 잠시 쉬었다 가고, 다시 다리에 힘주어 뜀박질도 해보고, 연한 그러데이션 초록빛의 주변도 돌아보고, 비 온 뒤 풀잎 내음도 지그시 눈을 감고 흠~~ 들이 마셔보고, 돌 틈 사이 개울물 소리도 들으면서 친구와 함께, 혼자라면 얇은 시집한 권을 끼고 카메라를 친구 삼아 바람과 여행을 떠나보자.

먼 곳이 아니어도 좋다. 느린 걸음이어도 괜찮다. 영혼을 무겁게 짓누르고 마음과 머리의 갈등으로 칡넝쿨처럼 얽혀 있던 나를 다독여 주자.

특별한 이유로 행복할 수도 있겠지만 걷다가 햇살이 너무 좋아서 상큼한 바람과 하늘이 맑고 푸르러서 등 있는 그대로의 소소한 행복을 느껴보며 말이다.

지금까지 살아온 시간이 어떠했을지라도 앞으로 내게 선물처럼 주어질 시간을 위해서 말이다.

카메라를 친구 삼아 홀로 여행 중 꽃무릇이 아름다운 선운사에서

[참고문헌]

권육상 외,『사회복지개론』

김남순,『행복한 삶을 위한 생애 설계』

김춘수,「꽃」

4장

액티브시니어의 건강라이프

김 훈

- ◆ 액티브시니어지도사 / 시니어플래너지도사
- ◆ 서울 50+ 서부캠퍼스, 컨설턴트
- ◆ 한국 주택금융공사 홍보대사
- ◆ 현) 이대 평생교육원 시니어플래너 강사
- ◆ 전) SC 제일은행 지점장

건강하게 살아야 행복하다

　인생은 어제, 오늘, 그리고 내일이라는 시간(Time)과 우리가 활동하는 일(Work, Life)로 이루어져 있다. 하루하루의 시간과 일들이 모여 한 달, 1년, 평생이라는 우리의 삶을 형성한다.

　일이란 입학, 졸업, 취직처럼 사회에서 하여야만 하는 사회적 일(Work)과 취미, 봉사, 여행 등 내가 하고 싶어서 하는 주관적 일(협의의 Life)로 이루어져 있다.

　시간을 잘 보냈다는 말은 주어진 시간 안에서 어떤 일을 어떻게 해서 잘 이루었다는 뜻이다.

　흘러가는 시간을 잡을 수는 없겠지만 그 시간 동안 일어나는 일들은 긍정적 생각을 바탕으로 잘 조절하여 누가 봐도 본받을 수 있는 건강하고 의미 있는 액티브 시니어의 삶을 이루었으면 하는 바람이다.

흔들리며 피는 꽃

도종환

흔들리지 않고 피는 꽃이 어디 있으랴

이 세상 그 어떤 아름다운 꽃들도

다 흔들리면서 피었나니

흔들리면서 줄기를 곧게 세웠나니

흔들리지 않고 가는 사랑이 어디 있으랴

젖지 않고 피는 꽃이 어디 있으랴

이 세상 그 어떤 빛나는 꽃들도

다 젖으며 젖으며 피었나니

바람과 비에 젖으며 꽃잎 따뜻하게 피웠나니

젖지 않고 가는 삶이 어디 있으랴

이 시에 나와 있듯이 인생은 흔들리며, 젖으며 가는 불확실한 여행이다.

은퇴 후 일자리가 없거나 경제 및 기타 상황에서 여러 불만족 상태가 되면 아래와 같은 정신공황에 빠지게 된다.

① 과연 내가 잘살고 있는가?

② 뭔가 빠진 것 같고 무의미해!

③ 이건 뭐가 이상한데!

④ 나는 왜 사는 거지?

스위스 분석심리학의 대부 융(C. G jung 1875-1961)은 인생을 위 그림처럼 분할하였다. 그는 '40세는 인생의 정오다. 40세는 시니어로서 인생을 시작하는 나이가 아니고, 진정한 자기 찾기를 해야 할 시작점이다'라고 하였다.

그러나 이제는 의학의 발달로 수명이 더 길어져 인생의 정오가 50세가 되었다. 그만큼 우리에게는 삶을 여행해야 하는 시간이 많아졌다.
그것은 복일까? 아니면 재앙일까?

| 시니어의 구분 |

시카고 대학의 뉴가튼(B.Neugarten 1916-2001) 교수는 오늘의 시니어는 어제의 시니어와 달리 건강하고 노련하고 훨씬 젊다, 시니어의 구분도 예전과 달라야 한다고 생각했다. 그래서 시니어를 아래와 같이 구분하였다.

① YO (Young Old): 55-75세

② OO (Old Old): 75-85세

③ Oldest: 85세 이상

특히, YO 세대는 고학력과 풍부한 경험과 노하우, 재산과 분별력을 가졌다 하여 AS(Active Senior)로 명명하였다. 요즘은 또 75세 이상의 건강한 중년들이 많아 이들을 슈퍼 시니어라 부르기도 한다.

어느 날, 내가 저녁 11시 20분 정도에 집에 가려고 옥수역에서 전철을 기다리며 지루해 춤 스텝을 좀 밟고 있을 때였다. 저쪽에서 모르는 여성분이 다가 와 "그거 지르박 스텝 아니에요?"라고 물었다. 쑥스럽기도 하고 해서 "어떻게 아세요?"라고 물었더니 본인도 조금 배웠다고 하시며 말씀을 잘 받아주셔 친구처럼 가족사 얘기까지 나누며 용산역까지 동승하게 되었다. 나는 그분이 65세 정도 되는 줄 알았는데 연세를 여쭤보니 73세라고 하셔 깜짝 놀랐다.

남편과 사별하고 아들은 결혼해서 혼자 사시는데, 일하면서 시간이 나면 친구들하고 놀러 다닌다고 하셨다. 크게 아픈데도 하나 없으시다며 내 나이를 물어보기에 62세라고 하였더니 "내가 그 나이면 훨훨 날아다니겠다"라고 이야기하는 모습에 부러운 생각이 들었다.

'저 나이가 되었을 때 나도 저렇게 당당하게 살고 있을까?'

액티브를 넘어 슈퍼 시니어로

우리가 액티브 시니어를 넘어 슈퍼 시니어까지 건강하게 보내려면 무엇을 어떻게 해야 하는지 알아보자.

건강이란 잘 알고 있듯이 정신적 건강과 신체적 건강으로 나누어진다. 현대인의 질병의 최대 원인은 여러 가지 스트레스로 면역력이 저하되면서 오는 것이라고 한다. 정신적 건강이란 사회적 일(Work)과 주관적 일(Life)에 있어서 조화를 이루어 행복을 느끼는 것인데 이때 가장 중요한 것은 긍정적인 사고방식과 웃는 습관을 가지는 것이다.

| 정신적 건강 |

2013년 영국 타블로이드 신문이 조사한 바에 따르면 우리가 사는 80년 동안 일하는 시간은 26년인데 반해 웃는 시간은 88일로 우리는 거의 웃지 않고 지낸다는 결론이 나왔다. 즉, 우리는 대부분의 시간에 거의 행복을 느끼지 못한다고 해도 과언이 아니다.

최근 「기사단장 죽이기」라는 책을 집필하기도 한 일본의 소설가 무라카미 하루키는 「랑겔한스섬의 오후」라는 수필에서 이제는 작지만 확실한 행복을 느껴야 한다고 주장하였다. 혹자는 이러한 얘기가 큰 꿈을 이루려는 젊은이들에게는 맞지 않는다고 주장하기도 하는데, 우리 액티브시니어들에게는 잘 맞는 말인 것 같다.

행복

나태주

저녁 때
돌아갈 집이 있다는 것
힘들 때
마음속으로 생각할 사람 있다는 것
외로울 때
혼자서 부를 노래 있다는 것

나태주 시인은 일상생활에서 일어나는 소박한 사건을 바라보며 느끼는 행복함을 시로 표현하였다.

이제 우리 역시 이런 작은 행복으로 가득한 나날을 보내면서 정신적 스트레스를 해소하는 건강한 생활을 영위하도록 노력해야겠다.
신체적 건강 역시 가꾸면서 말이다.

| 신체적 건강 |

우리는 질병이 일반적으로 유전이나 독성, 감염 등으로 일어난다고 생각한다. 하지만 그런 요인은 실제의 10% 정도이고, 나머지는 물, 음식, 운동, 체온 유지법, 자세 등과 같은 우리의 생활습관에서 비롯된다고 한다.

중요습관 길들이기

① 물마시기

일상의 물은 언제 마시는게 좋은가?

Ex) 60kg x 30%=1.8L

1. 음식 먹기 30분 전
2. 목이 마를 때 마신다.
3. 식사 후 2시간 지난 뒤 마신다.
4. 아침에 일어나자마자 미지근한 물을 마신다.
5. 운동하기 전에 마시면 땀의 배출을 돕는다.

신생아 시기, 우리 몸속 세포의 수분은 80%지만, 이후 성인이 되면 60%, 노인이 되면 50%로 점차 줄어들어 물을 마시는 것은 건강관리의 제일 중요한 첫 단계다.

② 컬러 푸드 먹기

　옛말에 편식하지 말라는 말이 있듯이 음식은 골고루 영양분을 섭취해서 먹어야 한다. 우리는 맛있는 음식을 많이 먹으면서도 그것이 전부 영양가 있는 음식이라고는 생각하지 않는다. 구하기 쉽고 값도 적정하며 맛있는 컬러 푸드(색깔 있는 음식)를 챙겨 먹자.

④ 운동하기
• 유산소 운동: 매일 30분 (걷기, 달리기, 탁구, 배드민턴, 축구 등)
• 무산소 운동: 매일 20분 (스트레칭, 명상, 근력 운동 등)

⑤ 종아리마사지: 혈액순환 도움

⑥ 복식호흡(단전호흡)하기
• 들숨과 날숨 중 날숨이 더 중요하다.

⑦ 자세 바로 하기
• 걷고 앉는 자세도 중요하지만 누워서 자는 자세가 더 중요하다.

⑧ 음주, 흡연, 과식 관리
• 무서운 질병을 발생시키는 생활습관인 음주, 흡연 등은 이제 우리 입에 오르내리면 안 되는 내용이다. 바른 건강관리를 위해서 금주와 금연은 당연하고, 과식을 줄이고 운동을 생활화하는 연습을 해야 한다.

액티브 시니어의 브라보 건강관리

마지막으로 우리가 지켜야 할 총체적 건강관리법 5개를 알려 드리려고 한다.

① 정기검진: 적어도 2년에 1번, 아플 때는 바로 병원 방문
② 관계개선: 모임 1개 이상 참여
③ 운동철저: 하루 30분 이상 운동
④ 백신예방: 대상포진백신, 독감백신, 폐렴구균백신 등 백신 접종
⑤ 일: 될 수 있는 한 일자리는 끝까지 유지

골프를 잘 못 치는 사람이 잘 안 되는 이유를 100개 이상 들듯이 생활습관을 잘 바꿀 수 없는 가장 큰 이유는 귀차니즘과 '술 먹고도 오래 사는 사람 많아' 같은 안일한 생각이다.

이러한 방해 요소들을 잘 제어하고 자신의 상황에 맞는 정보로 삶을 설계해서 자신의 삶을 UPGRADE 할 수 있도록 노력해야 한다.

DO! DO! DO!
하자! 하자! 하자!

건강하게 사는 법 (스트레스 관리)

많은 분들이 나를 보고 동안이라며 그 비법을 가르쳐 달라고 말씀하신다. 그래서 이번 2장에서는 액티브 시니어로서 나의 사례를 함께 공유해 보고자 한다.

나는 말한다. '존재감을 갖자.'

풀꽃

나태주

자세히 보아야 예쁘다

오래 보아야 사랑스럽다

너도 그렇다.

우리는 모란꽃, 국화꽃, 진달래꽃처럼 이름이 널리 알려지지 않은 풀꽃이다. 풀꽃은 이름도 없이 야생에서 조용히 홀로 피었다 지지만 시의 말처럼 자세히 보고 오래 보면 저마다 특색 있는 꽃이다.

우리는 예쁘고 사랑스럽다. 스스로 자존감을 높여 존재감을 나타낼 수 있도록 당당하게 살아가자.

| 나의 하루 일과표 |

06:30am **기상**

달걀 삶기, 사과 자르기, 꿀차 타기

07:00am **스트레칭**

푸쉬업, 윗몸일으키기, 뒤로 구르기, 스쿼트, 복근 강화 운동

08:00am **샤워하기**

08:30am **출근**

10:00pm **퇴근 후 샤워하기**

10:30pm **스트레칭**

매일 달걀 1개

삶은 달걀이 날달걀보다 콜레스테롤이 적다. 하루에 달걀을 1개 섭취한 사람은 달걀을 안 먹은 사람보다 심혈관 질환 및 뇌졸중 위험이

18% 낮고 심근경색으로 사망할 확률은 28% 낮다. 또, 달걀에는 비타민 A, B, D, E와 철, 아연, 인이 함유되어 있어, 여드름과 비듬, 탈모를 방지하고 항산화 작용을 하며 면역력 증강에 좋다.

근력 운동

헬스장에 가지 않고도 집에서 충분히 근력 운동을 할 수 있다. 집에서 하는 운동은 시간이 적게 들고 돈이 들지 않아 아무 때나 할 수 있다.

① 팔굽혀펴기(PUSH-UP) 30분: 전신운동, 감옥운동

② 윗몸일으키기 15분: 허리 근육 강화

③ 스쿼트 30분: 복식호흡과 항문 조이기

④ 뒤로 구르기 15분: 굽은 어깨 펴기, 척추 양 근육 강화(강추)

⑤ 복근운동: 플랭크 자세

얼굴 샤워

나는 머리카락이 지성이라 하루 두 번 머리를 감는다. 사람들은 각자의 특성에 따라 하루 1번, 또는 이틀에 1번 머리를 감는다. 이때 중요한 것은 얼굴 샤워를 하는 것인데, 샤워 시 얼굴에 물을 집중(하루 20분 이상)해서 뿌리면 피부 마사지 효과가 있어 피부관리에 좋다.

수면(6시간 이상)

기상

너무 일찍 일어나는 것보다는 규칙적인 기상 습관이 좋다.

이상 나의 하루일과를 공유해 보았는데 무엇을 하든 지속적으로 하는 것이 가장 중요하다. 절대 타인과 비교해 욕심을 부리지 말고 나에게 맞는 생활을 하는 것이 건강의 지름길이다.

| 나의 여가활동 |

나를 파악하는 여행

스트레스를 조금씩 줄여나가기 위해서는 먼저 자신의 성격을 파악해야 한다. 아래는 성격유형검사(자아 찾기) 3종이다.

① 사군자   ② 에니어그램   ③ MBTI

나는 사군자에서 내향 매화, 에니어그램에서는 장형(지도자, 조정자, 개혁자), MBTI에서는 ISFP 성인군자형으로 내향적이고 자립심 강한 유형으로 주로 나왔다.

실제 나는 내향적 성격을 고치고자 외부교육을 받아 노력해보기도 했으나 지금도 여전하다. 성격을 잘 고치기 어려운 만큼, 이러한 성격검사를 통하여 자기 성격의 장단점을 잘 인식하여 상대방의 성향을 파

악하면 서로 원활한 소통을 할 수 있고, 스트레스 감소에 많은 도움이
되리라 생각한다.

그림, 데생

어느 날 갑자기 '내가 하고 싶던 것을 해 보자'라는 생각이 들어서 돈 적게
드는 데생을 배우기 시작해, 3년을 배웠는데 상당히 진도가 안 나가고 있다.

그림 그리기는 조용한 분위기에서 몰입할 수 있어 분위기가 상당히
매력적이다. 아직 같은 그림 동기생의 그림에 실력이 60%에도 못 미치
는 것 같지만 이 정도면 만족한다.

여행 떠나기

이 사진은 재작년 캄보디아 앙코르 와트에 가서 찍은 사진이다.

앙코르와트에 가보신 분들은 알겠지만 정말 대단하다. 앙코르와트는 우리나라 고려 때(12세기) 건설했다는 불가사의한 사원이다.

여행의 매력은 모든 생각을 다 떨쳐 버리고 여행 준비 때부터 돌아오는 날까지 마음을 들뜨게 한다는 것, 그리고 무엇보다 새로운 문화를 체험한다는 짜릿함을 준다는 것이다.

내가 옛날에 인도차이나 영화를 볼 때, 꼭 가보고 싶던 장소가 베트남 하롱베이였는데 3,000여 개의 섬이 바다에 떠 있는 걸 보면 정말 감탄사가 절로 나온다.

베트남 하롱베이   거제도

거제항 옆에 있는 지세포항에는 거제요트학교가 있는데 사진 속의 저 배는 10억짜리로 세계 일주가 가능한 배이다.

지구의 중심인 지심도 한 바퀴 돌아오는데 1시간 반이 걸리는데 직접 키도 잡아 보고 하며 한 번쯤 경험해 볼 일이라 생각한다.

베네치아 곤돌라에서 성악가가 베사메 무초를 불러주던 기억이 나서

이탈리아의 테너이자 팝페라 가수인 안드레아 보첼리(Andrea Bocelli)의 노래를 들어 보았다.

그는 1958년생으로 법학을 공부해 변호사로 활동하다가 성인이 되어서 뒤늦게 성악을 공부한 사람이다. 그는 12세 때 사고로 시력을 잃은 시각 장애인이다. 하지만 장애를 극복하고 다른 사람보다 늦게 성악 공부를 시작하였음에도 세계적인 테너가 되었다.

댄스(지터버그)

댄스는 춤출 때 자세도 중요하고, 무엇보다 힘도 많이 든다. 하지만 파트너에게 좋은 매너를 보여줘야 하고, 스텝을 전부 외워야 하는 등 두뇌 활동에 좋다. 또, 격하지 않은 생활운동인 것이 장점으로 느껴져 배우게 되었다. 지터버그는 배우기 쉽고 재미있는 춤이다. 댄스는 내가 강추하는 운동이다.

시 외우기

내가 3년 전 이사를 하게 되면서 출근 시간이 1시간 반 정도로 길어지다 보니, 전철에서 어떻게 시간을 보낼까 궁리하다가 우리에게 널리 알려진 시부터 외워보기로 했다.

① 「나그네」 박목월 ⑧ 「향수」 정지용

② 「나와 나타샤와 흰 당나귀」 백석 ⑨ 「귀천」 천상병

③ 「모란이 피기까지는」 김영랑 ⑩ 「슬픔은 자랑이 될 수 있다」 박준

④ 「진달래꽃」 김소월 ⑪ 「너를 기다리는 동안」 황지우

⑤ 「서시」 윤동주 ⑫ 「너에게 묻는다」 안도현

⑥ 「풀꽃」 나태주 ⑬ 「흔들리며 피는 꽃」 도종환

⑦ 「국화 옆에서」 서정주 ⑭ 「행복」 나태주

　내가 국문학도는 아니지만 이 나이에 이 작은 시들을 외울 수 있는 데서 오는 자신감과 성취감은 이 시를 외우는 데서 생기는 스트레스를 해소하고도 남는다. 그러니 옛날에 배웠던 친숙한 시부터 지금 하나하나 외워보자. 재미가 붙을 것이다.

　먼저, 우리가 잘 접하지 못했던 백석 시인의 시를 소개하고 싶다. 시는 감성을 불러일으켜 시를 읽으면 스트레스 해소에 많은 도움이 된다.

나와 나타샤와 흰 당나귀

백석

가난한 내가

아름다운 나타샤를 사랑해서

오늘밤은 푹푹 눈이 나린다

나타샤를 사랑은 하고

눈은 푹푹 날리고

나는 혼자 쓸쓸히 앉어 소주를 마신다

소주를 마시며 생각한다

나타샤와 나는

눈이 푹푹 쌓이는 밤 흰 당나귀 타고

산골로 가자 출출이 우는 깊은 산골로 가 마가리에 살자

눈은 푹푹 나리고

나는 나타샤를 생각하고

나타샤가 아니올 리 없다

언제 벌써 내 속에 고조곤히 와 이야기한다

산골로 가는 것은 세상한테 지는 것이 아니다

세상 같은 건 더러워 버리는 것이다

눈은 푹푹 나리고

아름다운 나타샤는 나를 사랑하고

어데서 흰 당나귀도 오늘밤이 좋아서 응앙응앙 울을 것이다

합창단

나는 요즘 노송콰이어라는 고등학교 동문회 소속 합창단에서 베이스로 활동하고 있다. 성악을 배우고 싶어 성악교실을 찾아갔었는데, 내게이틀 만에 독창을 시켜 도망 나온 적이 있다. 하지만 합창이란 개인의능력보단 조화가 우선이어서 노래를 잘 못 부르는 나도 즐겁게 참여할수 있다. 내년에는 롯데콘서트홀에서 정기연주회가 있어 벌써부터 가슴이 울렁거린다.

지금까지는 스트레스 해소를 위한 나만의 생활방식을 소개했다.

내가 또래의 다른 분보다 어려 보이고 여유 있게 보인다면 그건 내가하고 싶은 걸 할 수 있게 해 주는 집사람을 포함한 주위환경도 중요하겠지만, 무엇보다도 해보겠다는 의지가 나에게 있었다는 것, 그게 가장컸다 생각한다.

| 마무리 |

　지금까지 나는 건강상식과 여가활용방식을 통하여 여러분들과 인생의 자아 찾기를 시작하는 액티브 시니어의 생활 플랜을 공유하고자 하였다.

　끝으로는 우리가 알아두면 도움이 될 몇 가지를 알려 드리고 마무리하려 한다. 많은 도움이 되었으면 하는 바람이다.

불경일사 부장일지 不經一事 不長一智

"한 가지 일을 경험하지 아니하면 한 가지의 지혜가 자라지 못한다."

3 · 3 · 3

좋은 습관 3가지

① 일하는 습관　　② 운동하는 습관　　③ 공부하는 습관

소유해야 할 3가지

① 건강　　② 재산　　③ 친구

가장 가치 있는 3가지

① 사랑　　② 자신감　　③ 긍정

칭기즈칸의 삶

"넘어졌을 때 멀리 보고 넓게 보라 가다가 넘어졌을 때 그대로 쉬어가라 그곳에서 그대로 눈을 뜨면 당신을 위로하는 꽃이 피어 있을지도 모른다 인생의 긴 꽃밭에서 피는 꽃과 지는 꽃이 있듯이 실패와 성공은 교차한다."

칭기즈칸은 글자를 모르는 문맹이었다. 그러나 지금까지 세계에서 제일 큰 나라를 세운 분이다.

그러한 그도 여유 있는 삶을 살라고 일러주고 있다. 여러분들도 쉬어가며 넓게 보시기 바란다.

"평소의 즐거운 생활이 우리의 삶을 윤택하게 해준다."

인생의 성공은 자기가 하고 싶은 일을 하는 것이다.
지난 세월에 집착하지 말고 본인의 사소한 일상생활을 알차게 꾸밈으로써 여유를 가진 행복한 생활, 건강한 생활을 즐기시기 바란다.

5장

칠전팔기의 힘

김 선 영
(강사)

◆ 연세대 미래교육원 시니어플래너지도사과정 강사
◆ 동국대 평생교육원 시니어플래너지도사과정 주임강사
◆ 혜전대학교, 군장대학교 강사
◆ 김선영 영재영어학원장
◆ 영재교육전문가

시니어의 회복탄력성 키우기 프로젝트

| 역경을 극복하는 힘, 회복탄력성 |

우리의 삶은 온갖 역경과 어려움으로 가득 차 있다. 그런 역경을 극복하는 힘인 회복탄력성은, 두 가지 기능적인 측면으로 설명할 수 있다.

첫째는, 살아가면서 어쩔 수 없이 겪게 되는 사건이나 사고, 이로 인해 누적되는 스트레스를 이겨내고 평정심을 되찾을 수 있는 마음의 힘이다. 둘째는 미리 마음의 힘을 키워 앞으로 일어날 나쁜 상황들에도 덜 상처 입고 더 빠르게 회복하여 개인적인 행복을 누릴 수 있게 하는 능력이다.

| 시니어의 회복탄력성에 주목하는 이유 |

회복탄력성은 누구나 다 갖고 있지만, 누구나 다 발휘할 수 있는 것은 아니다. 회복탄력성이 고무공처럼 튀어 오르는 사람이 있는가 하면 유리처럼 바닥에 떨어지는 즉시 산산 조각나서 부서져 버리는 사람도 있다.

시니어들이 느끼는 열등감, 불안, 우울증, 악화된 건강 등등. 이러한 상황에서 주저앉아 울고 있을지, 막다른 곳에서 돌아 나와 다른 길을 찾을 것인지의 선택은 회복탄력성의 높이에 따라 달라질 수 있다.

즉, 마음의 근력과 같은 회복탄력성을 키워서 아름다운 시니어로서의 삶을 살아가는 것이 진정한 행복이므로 회복탄력성에 주목하는 것이다.

회복탄력성의 6가지 특징

첫째, 문제해결능력

회복탄력적인 사람들은 위기 상황에서도 문제를 폭넓고 합리적으로 관찰하여 안전하게 벗어나기 위한 가장 적합한 대안으로 문제를 해결한다.

둘째, 상황에 대한 인식

어려움에 처해 있을 때는 자신이 처한 상황을 제대로 이해해야 적절한 대응이 가능하다. 회복탄력성이 높은 사람은 힘든 상황에서도 자신의 감정적인 반응과 행동을 알아차리고 적정한 대응책을 마련한다.

셋째, 역경을 이겨낸 존재로서의 자신감

위기가 닥쳤을 때, 자신을 실패자나 피해자가 아닌 역경을 이겨낼 수 있는 사람이라고 생각하고 문제를 해결할 방법을 찾는 것이 중요하다.

회복탄력성이 높은 사람은 긍정적인 결과를 상상하면서 자신의 능력과 의지로 어려움을 극복할 수 있다는 자신감을 갖는다.

넷째, 삶에 대한 통제

회복탄력성이 높은 사람은 자기 통제권을 가진 사람이다. 자신은 책임과 능력이 있는 사람이며 자신의 행동이 일의 성공과 실패에 직접적인 영향을 미친다고 생각한다.

다섯째, 삶의 역경에 대한 이해

회복탄력성이 높은 사람들은 삶에서 발생할 수 있는 여러 가지 문제들을 사전에 방지할 수는 없지만, 이를 극복하기 위한 해결책은 언제나 있다고 생각한다.

여섯째, 사회적 연결망의 구축

어떤 문제가 생겼을 때 자신에게 도움을 줄 수 있는 가까운 사람이 있다는 것은 중요하다. 누군가와 이야기하는 것만으로도 정서적인 안정감을 얻을 수 있고, 대안을 모색하거나 새로운 해결방안을 찾는 데 도움이 된다.

회복탄력성이 높으면 사회적 연결망의 구축에 적극적으로 참여한다. 이처럼 친구, 가족, 동료, 사회적 지원 그룹 등 사회적인 연결망을 구축하는 자원을 확보하기 위해서는 다른 사람의 고통을 공감하고 함께하려는 마음이 필요하다.

회복탄력성을 구성하는 7가지 요소

회복탄력성은 삶의 고난을 이겨내는 마음의 근력이라고 앞서 설명하였다. 이것은 7가지의 요소로 구성되어 있다.

첫째, 주의력

주의력은 학습, 의사결정, 감정의 반응, 기억 등 우리의 정서적인 부분과 직접적으로 연관되기 때문에 건강과 행복을 위해 꼭 필요한 수단이다. 의도적으로 주의를 집중하면 감정조절이 가능하지만, 주의력이 떨어지면 한 가지 일에 꾸준히 집중하지 못해 학습, 대인관계, 사회생활에서 문제가 생길 수 있다.

둘째, 자기인식

자기 자신을 어떻게 평가하는지에 따라 세상이 달라 보인다. '나는 무엇이든 할 수 있는 사람'이라고 생각하면 자신감 있게 살 수 있고, 반대로 '나는 할 수 있는 게 없다'고 여기면 열등감에 빠질 수 있다. 인간은 누구나 자신만의 장점과 가능성을 가지고 있다.

셋째, 자기효능감

나는 어떤 일이든 할 수 있다는 자신에 대한 믿음이자 신뢰가 바로 자기효능감이다. 자기효능감이 높으면 스스로를 유능하고, 능력 있으며, 자신감 있는 사람이라고 판단한다. 이는 자신에 대한 확신과 함께 대인관계에서도 긍정적인 효과를 가져 오며, 힘든 상황에서 자신의 능력보다 더 큰 힘을 발휘한다.

넷째, 자기조절

극심한 스트레스 상황에서도 자신의 감정을 조절할 수 있는 능력이다. 자기조절은 부정적인 감정에 빠지는 것이 아니라 이를 극복하여 긍정적인 감정을 유지하도록 돕는다. 또한 즉각적이고 충동적인 행동을 자제하고 목표 달성을 위해 인내할 수 있게 하며, 반사적이고 즉흥적인 판단이나 행동 대신 신중하게 대처할 수 있는 힘을 제공한다.

다섯째, 낙관성

자신이 겪고 있는 스트레스나 역경이 금방 끝나고 앞으론 좋은 일만 일어날 것이라는 긍정적인 기대가 낙관성이다. 미래에 대한 긍정적인 태도는 자신감 있는 태도로 살아갈 수 있도록 돕는다. 낙관주의자는 실패와 좌절을 경험하더라도 자신을 위로하고 자신감을 잃지 않기 때문에 불행에 맞설 수 있다.

여섯째, 공감

공감은 다른 사람을 이해하고 사랑을 줄 수 있는 능력이다. 가정이나 학교, 직장에서 상대방의 감정과 원하는 것을 이해하고, 인정하며 배려하는 것이다. 인간관계에서 가장 중요한 요소인 공감은 원만한 대인관계를 위해 필요하다.

일곱째, 사회성

인간은 다른 사람들과의 관계에서 자신의 행복과 건강을 찾을
수 있다. 개인 간의 좋은 관계는 점점 범위를 넓혀 사회 전체로
연결되고, 이것이 모두를 건강하게 한다.

| 회복탄력성이 낮은 사람 VS 회복탄력성이 높은 사람 |

회복탄력성이 높은 사람과 낮은 사람의 가장 큰 차이는 '자신감'에서
비롯된다. 회복탄력성이 높은 사람은 어렵고 힘들더라도 자신이 시도하
면 성공할 수 있다는 자신감을 갖고 있다. 자신에 대한 믿음을 바탕에
깔고 있기 때문이다.

설령 실패하더라도 거기서 교훈을 얻는다. 새롭게 도전할 수 있는 용
기가 생겨 실패가 성공의 디딤돌 역할을 하는 셈이다.

이러한 자신감은 충동적 행동을 조절해 준다. 회복탄력성이 높은 사
람에게는 제대로 준비해서 대응하면 자신이 원하는 것을 얻을 수 있다
는 확신이 있기 때문에 반사적인 행동을 할 필요가 없다. 또, 자신감은
도전을 위한 연료가 된다. 도전하면서 부딪치는 장벽을 넘어갈 수 있는
힘과 에너지가 바로 여기에서 나온다.

또 다른 차이는 '인간관계'이다. 회복탄력성이 높은 사람들은 대체로
인간관계가 좋다. 다른 사람들의 말을 귀담아듣고 상대방을 신뢰하며
이야기에 공감하기 때문이다. 스스로에 대한 긍정적인 믿음이 강한 이들

은 다른 사람들도 자신과 같이 건강하고 행복할 것이라고 생각한다. 아울러 자신이 어려움에 처한다면 주위에 있는 사람들이 자신을 도와줄 것이라는 확신이 있어, 타인이 어려움에 처한 경우 앞장서서 도와준다.

| 시니어의 회복탄력성 기르기 |

신체에너지 축적하기

회복탄력성을 높이는 필수 조건은 먼저 '시니어 자신을 잘 챙기기'이다.

회복탄력성도 축적이 되어야 그 효과를 발휘하는 법이다. 평상시에 시니어들이 제대로 먹지도 못하고 항상 피곤해하는 등 자기 자신을 잘 챙기지 못한 상태라면 회복탄력성이 있어도 위로 튀어 오를 에너지가 부족해진다.

마음의 여유 가지기

생각을 짧게 하고, 무슨 일이든 단편적으로 바라보는 사람들은 회복탄력성이 낮다. 장기적으로 보는 연습을 하면 여유롭게 나를 챙길 시간이 많아지고 모든 사람들에게 좀 더 너그러워질 수 있다.

기분이 안 좋을 때 즉각 활용할 나만의 응급조치법 찾기

감기에 걸렸을 때 약을 먹듯 감정에도 이상이 생기면 효과가 즉각적으로 나타나는 특효약이 필요하다. 사소한 일이라도 좋다. 예를 들면 우울할 때 좋아하는 커피잔에 따뜻한 차 타 마시기, 뜨거운 물로 목욕하기, 좋아하는 과자 먹기 등등.

| 시니어 세대들의 회복탄력성을 높이기 위한 실천 포인트 |

하루 2회 매 10분 정도 명상하기

명상은 뇌에 휴식을 주고, 뇌의 알파파를 활성화하여 집중력을 키워주며, 감정조절에도 도움을 준다.

10분의 중요성

미국 20대 대통령의 이름은 제임스 가필드이다. 그는 1831년 오하이오주에서 가난한 개척농민의 아들로 태어나 고학으로 공부하여 교사, 변호사, 설교가, 학장, 군인, 하원의원 등으로 일하다가 결국 50세에 대통령에 당선되었다.

그가 대학생 때 같은 반 친구 중에 수학성적이 뛰어난 친구가 있었는데 아무리 노력해도 그 친구의 수학 실력을 따라 잡을 수 없었다. 전 과목 일등이었던 가필드는 수학에서만 그 친구에게 지게 되자, 어느 날 밤 그 친구 집으로 갔다. 아직도 공부를 하는지 친구 집의 불빛이 환했고, 10분 후에 불이 꺼졌다. 가필드는 무릎을 치며 말했다.

"그래, 10분이다!"

가필드는 그때부터 그 친구보다 10분 일찍 일어났고, 10분 늦게 잠자리에 들었다. 그 결과 가필드는 그 친구보다 수학점수가 높아져 전체수석을 했다. 훗날 가필드는 대통령에 취임하면서 명연설을 했다.

"10분을 잘 활용하십시오. 모든 일에 있어서 성공을 초래하는 비결입니다"라고….

하루의 10분씩이 모이면 어마어마한 시간이 되듯이 시니어들도 하루에 2번, 10분 명상하기를 통해 훗날 더욱더 건강하고 행복한 삶을 이어나갈 수 있다.

감사 일기 쓰기

자기 전에 하루에 일어난 감사한 일에 대해 짧게 기록한다. 감사하기는 자신감과 대인관계에 긍정적인 효과를 준다. 2주 정도 꾸준히 기록하면 긍정적인 변화를 많이 볼 수 있다.

가끔 먼 산이나 하늘 바라보기

멀리 보는 행동은 휴식과 함께 자신을 되돌아보는 시간을 제공한다. 이것은 눈 건강뿐만 아니라 자기 확신에도 도움이 되므로 가끔은 멀리 보는 것이 필요하다.

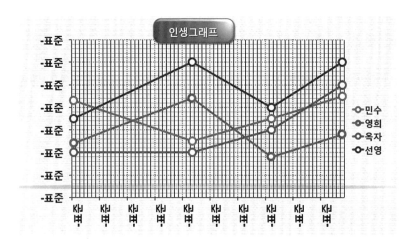

| 역경을 받아들이는 시니어들의 자세 |

시니어들의 삶이 어떠했는지 과거를 돌아보며 시니어의 인생그래프를 그려보자. 크고 작은 굴곡이 있는 그래프가 대부분이고, 일직선으로 그리는 경우는 거의 없다.

우리가 주목할 점은, 인생의 굴곡을 당연한 것으로 받아들이고 평균점을 찾아가는 마음가짐이다. 평균점을 찾은 시니어들은 회복탄력성이 높아지고, 안정적인 생활을 할 수 있다.

높은 회복탄력성으로 역경을 극복한 사례

이지선: 음주운전자가 낸 7중 추돌사고로 신체의 55%인 3도 전신화 상을 입고 수술만 40차례 넘게 받으면서도 삶의 끈을 놓지

않고, 재활하면서 공부도 계속하여 미국 UCLA에서 박사학위를 받고 한동대 교수로 재직 중이다.

"인생은 동굴이 아니라 터널이다."

안데르센: 안데르센은 자신의 고난이 진정한 축복이었다고 회고했다. 매우 가난한 집에서 태어나 초등학교도 다니지 못했고, 알코올중독인 아버지에게 학대를 당하면서 성장한 안데르센은 훗날 작가로서 명성을 얻게 되었을 때 이렇게 말했다.

"생각해보니 나의 역경은 정말 축복이었습니다. 가난했기에 「성냥팔이 소녀」를 쓸 수 있었고, 못생겼다고 놀림 받았기에 「미운 오리 새끼」를 쓸 수 있었습니다."

조앤 롤링: 「해리포터」의 저자인 조앤 롤링은 20대 초반에 영국에서 포르투갈로 가 그곳 남자와 결혼했으나, 딸을 낳고 2년 만에 이혼했다. 어린 딸과 무일푼으로 영국으로 돌아온 조앤 롤링은 정부 보조금으로 먹고사는 가난에 찌든 싱글맘으로 죽고 싶을 정도로 혹독한 우울증에 시달렸다. 어린 딸에게 읽어줄 동화책 한 권 살 돈이 없던 조앤 롤링은 아이에게 읽어줄 동화책을 직접 쓰기 시작했는데, 그렇게 해서 「해리포터」가 탄생한 것이다. 결국 그녀는 해리포터 시리즈로 엄청난 돈을 벌어 영국 여왕보다 더 큰 부자가 되었고 「포브스」 선정 세계 500대 부자에 등극했다. 조앤 롤링은 말했다.

"제가 가장 두려워했던 실패가 현실로 다가오자 오히려 저는 자유로워 질 수 있었습니다. 실패했지만 저는 살아 있었고, 사랑하는 딸이 있었고, 낡은 타자기 한 대와 엄청난 아이디 어가 있었죠. 가장 밑바닥이 인생을 세울 수 있는 단단한 기 반이 되어 준 것입니다."

사랑의 속성 5가지

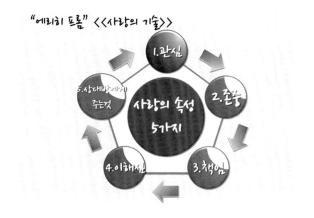

에리히 프롬은 「사랑의 기술」에서 사랑의 5가지 속성에 대해 말했다.

관심, 존중, 책임감, 이해심, 상대방에게 주는 것

이렇듯 사랑의 속성 5가지 중에 가장 핵심이 되는 것은 '관심'이다. 시 니어의 회복탄력성에 관심을 가지고 꾸준히 노력한다면, 남은 인생을 얼마든지 행복하고 아름답게 만들 수 있는 것이다. 관심은 바로 사랑이

기 때문이다.

행복을 뇌에 새기는 연습

시니어들의 회복탄력성은 뇌에 새겨진 습관의 문제다. 따라서 시니어들은 긍정적 스토리텔링을 하는 습관을 들여서 뇌에 전달하는 훈련을 해야 한다. 나에게 일어나는 크고 작은 고민거리나 어려운 일들을 순간 순간 긍정적으로 받아들이고 대처할 수 있는 '습관'을 들여야 한다.

습관을 들인다는 것은 어떠한 대상이나 사건에 대해 뇌가 자동적으로 반응하게 하는 것을 의미하므로, 상당기간의 연습 없이는 그런 지식을 얻을 수 없다. 시니어들이 긍정적으로 반응하도록 부단히 의도적으로 노력해야만 행복을 뇌에 새길 수 있다.

지금 행복하면서도 미래의 성취와 성공을 위해 더 많은 것을 준비할 수 있는 사람이 바로 우리 '시니어'인 것이다. 성공하고 나면 행복해 질 것이라고 믿는 것이 아니라, 행복하기 때문에 성공할 수밖에 없다. 이는 회복탄력성의 크기에 따라 행복의 크기가 달라진다는 뜻이기도 하다.

| 시니어는 젊은이의 멘토다 |

요즘 멘토라는 단어가 많이 사용되고 있다. 학원에서도, 직장에서도, 멘토링이라는 말을 흔히 사용한다. 멘토는 고대 그리스의 시민 호메로스가 쓴 서사시 「오디세이」에 나오는 오디세우스의 친구 이름에서 유래한다. 오디세우스가 트로이 전쟁에 출정하면서 아들 텔레마코스를 그의 친구이자 조언자인 멘토에게 맡기고 떠난다. 오디세우스가 전쟁에서 돌아오기까지 멘토는 텔레마코스의 친구요, 선생이요, 상담자요, 때로는 아버지가 된다.

이후 멘토라는 그 이름은 지혜와 신뢰로 한 사람의 인생을 이끌고 조언하는 스승의 동의어로 사용되었다. 즉 멘토는 현명하고 신뢰할 수 있는 상담자, 스승, 지도자의 의미를 지닌다. 그는 텔레마코스의 아버지가 없는 동안 아버지 역할로 울타리가 되고 보호자가 되었다. 그러나 친아버지가 아니므로 조언은 해도 강요는 하지 않았을 것이고, 안내는 해도 결정을 하지는 않았을 것이다.

요즘 세상은 LTE 급으로 변하는 게 현실이다. 사회·문화·정치·경제 등 모든 분야가 급속도로 성장하고, 인간의 수명도 100세 시대를 맞이했다. 100세 시대를 살아가는 시니어들은 각자 자신들이 걸어온 여러 모양의 삶의 무게를 재산 삼아 젊은이들에게 훌륭한 멘토의 역할을 다할 수 있다. 시니어를 바라보는 후배들에게 조언은 하되 강요하지 않고, 안내는 하되 결정을 하지 않는 선에서 말이다.

시니어들 한 사람 한 사람이 소중한 멘토임을 잊지 말고 살아가자.

시니어의 대표강점을 찾아라

시니어가 행복 지수를 높이고 낙관적이 되려면 무엇보다도 자신의 강점을 발견하고 그것을 생활 속에서 끊임없이 발휘해야 한다. 훌륭한 업적을 남긴 사람들은 자신의 강점에 집중해서 그것을 더욱 발전시킨 사람들이다. 올림픽 금메달리스트나 노벨상 수상자, 학문이나 예술분야에서 뛰어난 업적을 남긴 사람들은 모두 자신의 장점에 집중해서 그것을 키워나갔다는 공통점이 있다.

나의 발전의 기준은 내 주위 사람들이 아니라 '오늘의 나'이다. 시니어 세대들이 꼭 해야 할 일은 회복탄력성을 높이기 위해 반드시 자신의 강점을 발견하고 개발하는 것이다. 또한 또래 시니어들의 강점을 발견하고 수행하도록 도와준다면 좋은 친구를 많이 얻게 되고 서로서로 오래도록 지속 가능한 사이로 발전할 것이다.

| 시니어의 회복탄력성이란 ○○○다! |

시니어의 회복탄력성 키우기 프로젝트의 핵심 키워드는 '그냥 웃는 것'이다.

얼굴 표정에는 비밀이 있다. 얼굴은 사람의 감정 상태를 나타내는 거울이라 할 수 있다. 여자든 남자든 공감 능력이 부족한 사람들의 공통점은 표정이 없다는 점이다. 얼굴 표정은 감정의 변화와 직결된다. 얼굴 표정을 만들어내는 근육은 뇌 신경과 직접 연결되어 있기 때문이다. 긍정적 정서를 뇌에 유발시키는 가장 간단한 방법은 그냥 웃는 것이다. 웃는 표정을 짓게 되면 뇌는 즐겁고, 기분이 좋다고 느끼게 되며 긍정적 정서에 돌입하여 도파민을 분비해 회복탄력성을 급속도로 향상시킨다.

시니어 여러분!

마음의 근육인 회복탄력성을 키우기 위해, 오늘부터 아무 이유 없이 그냥 웃읍시다. 나와 가정과 사회가 행복해지는 날을 떠올리며….

즐겁고 긍정적인 마음으로 회복탄력성을 키우기 위해 노력한다면, 시니어의 인생에 더 이상 실패란 없다. 설령 실패가 있다 하더라도 그 실패 때문에 좌절하거나 무너지거나 주저앉는 일은 없을 것이다. 그 실패를 도약의 디딤돌로 삼아 더 높이 튀어 오르는 시니어 자신을 발견할 것이다.

6장

마음이 행복해지는 시낭송

민 경 자
(시낭송가)

- ◆ 한국시니어플래너지도사협회 교육이사
- ◆ 동국대학교 평생교육원 시낭송 & 문학테라피 주임강사
- ◆ 한국방송통신대학교 알포엠 시낭송동아리 회장
- ◆ 한국방송통신대학교 글애글애 동아리 시낭송강사
- ◆ 해피온 TV 시 맛나는 세상 MC

시 낭송 테라피

사람은 누구나 좋아하는 일이 따로 있다. 나는 시를 쓰고 싶어서 늦은 나이에 방송통신대학교 국어국문과에 입학했다. 그러나 생각하고 다르게 시 쓰는 일이 쉽지는 않았다. 그래서 남의 시를 많이 읽어봐야겠다고 생각하고 시낭송을 시작했다. 졸업을 앞에 두고 후배들을 위해 무엇을 남기고 떠날까 생각하다가 마음 맞는 사람끼리 시 낭송 동아리를 만들어보기로 했다. 2013년도에 방송통신대학교에 알포엠이란 시 낭송 동아리를 만들었다.

어느새 6년, 많은 시간이 흘렀다. 또 많은 시를 접할 수 있었다. 처음엔 시 낭송 공연이 있는 것도 몰랐지만, 우리는 수없이 많은 공연을 했다. 의상을 직접 제작해 후배들과 공유하며 즐거운 마음으로 하루하루를 보냈다. 이제는 나의 일상이 되어버렸다.

그러다 보니 지인께서 방송을 하라고 권유하여 이제는 시인들을 초대해서 진행도 하는 모바일 방송 진행자가 되었다. 너무도 보람찬 일을 하는 것 같아 마음이 행복하다.

무엇보다 놀란 것은 어떤 후배께서 우울증을 앓고 있었는데, 시낭송을 하며 우울증이 사라졌다는 얘기를 들었을 때다. 너무도 기쁜 일이다.

시낭송이 내게는 보약이다. 더 열심히 노력해서 많은 사람에게 즐거움을 주는 시낭송가가 되고 싶다.

내 인생의 터닝포인트가 된 시낭송을 많은 분들께 알려드리고 싶다.

| 시낭송이란 무엇인가? |

시낭송은 언어를 목소리의 예술로 표현하는 일이다. 사람의 목소리는 곧 악기이다. 시에는 은유법과 비유법이 많이 등장한다. 그렇기에 표현도, 낭송하는 사람마다 다르다. 하지만 기본적인 것은 시어 하나하나를 잘 표현해야 하는 것이 낭송가의 몫이란 사실이다.

시낭송을 잘하기 위한 방법

- 시낭송을 잘하기 위해서는 많은 연습이 필요하다.
- 시낭송은 듣는 이에게 깊이와 감동을 줄 수 있어야 한다.
- 시인의 시에 자기만의 감정을 살려 주어서 새로운 시로 다시 태어나게 해야 한다.
- 시낭송은 시인의 시에 생명을 불어넣어 시를 새로 태어나게 하는 일이다.

- 시인의 시에 새로운 감정을 불어넣어 시인의 시는 생명이 있는 시로 재탄생하는 것이다.

시인은 작사가이다

- 시인은 작사가이고 낭송가는 작곡가이자 가수이다.
- 낭송가의 노력에 의해 좋은 낭송이 될 수도 아닐 수도 있다.
- 가수가 많은 노력을 해야 좋은 노래가 나오듯 낭송가가 얼마만큼 많은 노력을 했는지에 따라 시낭송의 맛도 달라진다.

시낭송은 시인이 하지 못하는 부분을 낭송가가 대신하는 것이다

- 시인의 시에 낭송가의 아름다운 목소리를 입혀서 시가 새로 태어난다.
- 낭송가는 어떤 시라도 낭송할 수 있어야 한다.
- 낭송가의 역량에 따라 청중은 시에 담긴 희로애락을 느낄 수 있다.
- 아무리 좋은 시도 낭송가가 낭송을 잘 못하면 엉뚱한 시로 변모한다.
- 낭송가는 시인의 의도를 잘 살려서 낭송하는 것이 기본이다.

| 시낭송의 음성론과 발성 호흡법 |

호흡법

낭송 발성에서 제일 중요하게 연구할 것은 호흡법이다. 또, 호흡의 기초가 되는 것은 자세다.

시낭송의 음성론

한 편의 시가 나오기까지는 시인이 겪는 말할 수 없는 체험의 깊이가 그 안에 깔려 있다. 시어는 짧고, 작은 말이지만 은유법과 비유법으로 의미가 함축되어 있다. 그래서 시어에는 감정이 살아 있고, 감동이 있고, 서정적인 물결이 일고 있다. 하지만 한 번 읽어서는 그 감동의 물결을 느낄 수 없기 때문에 명확하게 이해할 수 있도록 여러 번 반복해서 읽고 깊이 생각해야 할 것이다.

시낭송은 활자화된 시에 운율을 살려 그 시가 가지고 있는 시적 향기를 많은 사람의 가슴으로 실어 나르는 것이다. 낱말 하나하나의 반짝임과 색깔, 울림, 시어와 행 사이에 감도는 정서나 여운을 느끼도록 낭송해야 한다. 그러기 위해서는 자신의 목소리와 잘 맞는 시를 골라야 한다. 시를 녹음해서 내 목소리와 얼마나 잘 맞는지 들어보아야 한다.

내 목소리의 색감과 시를 낭송했을 때의 색감을 확인해 본 다음 그에 맞는 정확한 발음연습과 고저, 장단, 강약, 음질, 음량, 음폭, 음속, 음색의 연구가 필요하다.

| 음성의 분류 |

사람의 얼굴 생김새가 각기 다르고 지문도 다르듯이 우리는 각자 목소리가 다르기 때문에 다른 사람에게 맞는 시가 나에게도 맞는 것은 아니다.

아이의 성대는 아주 작은 3mm에서 첫돌이 될 때쯤에는 5.5mm로 자란다. 십 대가 되면 거의 10mm 정도로 늘어난다고 한다. 성인 남자는 13~24mm, 성인 여자는 12~16mm 정도가 된다고 한다. 우리는 흔히 어린아이들이 울면 쟤는 커서 노래를 잘할 거야 하는 소리를 한다.

시낭송으로 목소리를 잘 관리하고 훈련하면 자신만의 독특한 좋은 목소리를 갖게 될 것이다.

음질 (quality)

시낭송은 우선 음질이 맑고 아름다우면 좋다. 성악에서도 소프라노, 알토, 테너, 베이스 등의 다채롭고 맑은 아름다운 음성이 있는 것처럼 시낭송에서도 적합한 음질이 필요하다.

좋은 음성이란 구슬을 굴리는 듯한 명쾌한 음성만이 아니고 개성이 있으면서도 소리가 살아 있어 교양이 깊이 스며 있는 음성을 말할 것이다. 아무리 좋은 음성이라도 개성 없는 음성은 매력이 없다. 여기에 자기의 목소리에 어울리는 시를 잘 선택하여 낭송하면 낭송 효과는 두 배가 된다.

- 어두운 음

  입의 모양이 횡(橫:가로모양)형으로 되었을 때 나오는 소리로 이때 목구멍은 좁은 수평을 이루며, 대개 슬픈 느낌, 구슬픈 느낌, 고독한 느낌을 주는 음성으로 청중의 마음을 울리기도 한다.

- 밝은 음

  입의 모양이 원형으로 되었을 때 나오는 소리로 목구멍은 넓고 혀끝이 말려 올라가며 나오는 소리이다. 이 소리는 명랑하고 쾌활해 청중에게 상쾌한 느낌을 주며 발음이 명확하게 들린다.

음량 (Volume)

음량은 곧 성량을 말하는데 자기가 가지고 있는 음량을 어떻게 쓰느냐에 따라 듣는 사람에게 풍부한 느낌을 더해 주기도 한다. 성량이 풍부하면 폭넓은 시낭송을 할 수 있으므로 호흡법과 발성법을 활용하면 도움이 될 것이다.

음폭 (음의 넓이, 음의 굵기)

음폭이란 음의 넓이, 다시 말해서 음의 굵기를 말한다. 폭이 좁은 음성, 굵기가 가는 음성, 날카롭게 째지는 음성으로 시낭송을 한다면 가벼워 보일 뿐만 아니라 시의 분위기가 제대로 살지 않을 것이다.

음색

소리의 색깔을 말하는 것으로 느낌의 차이를 준다. 시낭송이 맛을 내고 향기를 갖게 하려면 목소리에 빛깔이 있어야 한다. 내용과 상황에 따라 목소리 색깔에 변화를 주면 느낌을 좀 더 강하게 전달할 수 있다.

| 음성 표현 연구 |

시는 말을 재료로 해서 이루어지는 예술인만큼 이러한 특질을 더욱 섬세하게 활용해야 한다. 같은 시를 낭송하더라도 시를 낭송하는 사람에 따라 청중은 감동을 받을 수도 그렇지 않을 수도 있다. 그에는 여러 이유가 있겠지만 음성의 표현 방법에 따라 효과는 크게 달라진다.

즉, 변화 있는 음성의 고저, 장단, 강약, 완급, 쉼을 잘 조절하여 표현해야 낭송 효과가 커지게 된다.

음성의 고, 저

음성의 고, 저란 음성을 표현하는 데 있어 높고 낮음을 말한다. 음성의 고, 저에 대한 변화 없이 책을 읽는 것처럼 일률적으로 시낭송을 한다면 지루할 뿐만 아니라 아무런 감동을 주지 못하게 된다. 낭송할 시에 어울리도록 음성의 높고 낮음을 조화롭게 표현하여야 할 것이다.

- 고음

고음은 시낭송자가 시 내용 가운데 가장 강조하고 싶은 곳에 사용한다. 이때 점차 단계적으로 고조시켜 클라이맥스를 터트리면 효과적이다. (간혹 가장 강한 클라이맥스 부분을 아주 작은 소리로 하여 효과를 보는 경우도 있다.)

이때 주의할 점은 거친 소리가 나지 않도록 주의하고 자기 본래의 정상적인 소리로 되돌아오는 것이 어렵지 않도록 하는 것이다.

- 중음

중음이란 보통 말하는 소리보다 좀 더 큰 소리이다.

중음은 저음에서 고음으로, 고음에서 저음으로 연결하는 매개체가 되며 처음부터 끝까지 음성의 중심을 이루는 음이다.

- 저음

저음은 주로 신뢰를 나타내는 구절, 숭고한 내용, 슬픔, 패배와 고뇌, 사죄의 문구에 사용하는 것이 가장 잘 맞다.

음성의 강약

시낭송할 때나 말할 때의 기본 조건은 청중이 알아들을 수 있는 정도의 음성으로 말해야 한다는 것이다. 그러기 위해서는 음성의 강약이 적절한 조화를 이루어야 한다.

- 강음

강음은 환희에 찬 내용, 급박한 상황, 날카로운 내용의 경우 사용하는데 감정이 차차 고조되면 높은 음성과 함께 강한 음성이 비례 되어 사용된다. 어떤 시에서는 앞에 높은음을 사용하는가 하면 중간에 높은음을 사용하는 경우도 있다. 너무 자주 사용하면 시낭송의 분위기를 깨뜨릴 염려가 있으니 약음과 조화를 이루어 사용하도록 한다.

- 약음

슬픔과 정숙, 부드러운 내용, 자연스러운 상황 등에서 사용하나, 약음을 너무 오랫동안 계속하면 힘이 없어 보이므로 중음과 강음을 조절해서 사용해야 한다.

시낭송 발성법 – 발음기관 숙지

발성이란 허파에서 내보내는 공기가 목청의 성대를 떨게 하여 내는 소리이다. 입의 모양을 정확히 하여 정확한 발성을 한다. 발성에 있어서는 무리가 없는 순수한 소리를 요구한다.

① 모음 발성

정확하고 올바른 소리가 나도록 힘 있는 소리를 반복하여 훈련하는 것이 가장 중요하다.

아, 야, 어, 여, 오, 요, 우, 유, 으, 이, 아, 애, 어, 에, 오, 외, 우, 위, 으, 이

② 자음 발성

가, 나, 다, 라, 마, 바, 사, 아, 자, 차, 카, 타, 파, 하,

개, 내, 대, 래, 매, 배, 새, 애, 재, 채, 캐, 태, 패, 해

호흡 및 발성 연습의 효과

① 꾸준한 연습만이 좋은 음질의 소리를 낼 수 있다.

② 연습의 양과 들이마시고 내뱉는 소리의 길이는 비례한다.

③ 큰 소리로 연습해야 발음의 강약이 자유롭게 이루어진다.

④ 큰 소리로 연습할 때만이 음폭이 넓고 풍부한 공명을 얻을 수 있다.

⑤ 음의 고, 저, 장, 단을 자유롭게 조절할 수 있다.

⑥ 시낭송은 짧은 시간에 많은 단어를 읽어야 하기 때문에 감정을 길게 설정할 때 도움이 된다.

⑦ 시의 울림이 느껴지며 감동 있는 시낭송을 하게 한다.

무대 매너

| 시의 무대몸짓과 연출 |

몸짓 연기

시의 입체화, 공간 형상화를 위하여 필요하며 특히 시의 몸짓이나 시 춤사위는 시에 의한 심리적 충동이 혼의 활동에 따라 민감하게 표현되는 절제된 동작언어라고 할 수 있다.

① 표출 방법
- 변화 표출: 표정 등에 의해 감정의 정도를 깊게 한다.
- 징후 표출: 기쁠 때 웃고 슬플 때 울 수 있도록 대비한다.
- 의미 표출: 시의 내용을 전달한다. (자연스럽게, 암시적 상징적, 여백의 미)

② 변화 기법
- 사지의 동작을 크게 변화시킨다.
- 두 팔의 변화에 타당성을 부여한다.

- 다리나 목, 몸을 변화시킨다.
- 신체의 부분에 변화와 고저의 위치, 동작의 강조, 시점, 박자, 속도 등 주제에 부합 시켜 동일과 조화를 이룬다.

③ 무대 인식

- 연기 본능적인 특유의 본성으로 시 속에서 시의 몸짓을 끌어낼 수 있다.무대에 올리기 위해서는 전문가의 연출이 필요하지만, 더 나아가 연출에만 의존하지 않는 재창조 과정을 통해서 독창성을 추구해 본다.

[공간 구성]

무대와 선의 표정 연구를 더하여 시각효과를 높이도록 한다.

[무대 구분]

A. 뒷면 오른쪽 : 가장 약한 부분으로 초자연적인 것을 표현
(로맨틱, 서정적, 냉정함)

B. 뒷면 왼쪽 : 강하고 권위적, 열정적인 것을 표현

(A~B) : 업 스테이지 – (up stage)

C. 중앙 앞면 : 관객이 집중하는 곳으로 강한 인상을 준다

D. 중앙 뒷면 : 의식이나 긴장된 위엄.

(C~D) : 센터(center) – 강조, 강세, 계몽

E. 앞면 오른쪽 : 형식적이고 친숙미 부족하기 쉬운 곳

　F. 앞면 왼쪽 : 친숙하고 따뜻하며 긴장이 없는 구역

　(E~F) : 다운, 스테이지(down　stage) − 밝음, 희망

④ 선의 표정

선의 감각이 주는 표정에 표현운동과 신체의 방향, 높낮이 등을 복합하여 변화를 준다. 공간 확장과 거리 간의 순간 포착으로 대사와 동작 간 적정한 안배를 한다.

• 직선: 정확, 청결, 강함, 예리함, 엄격함
• 곡선: 부드러움, 따뜻함, 친근함
• 밀집 형태: 둔한 느낌, 원시적이고 야만적인 느낌이지만 동작이 변하면 상대적으로 박력을 느끼게 한다.
• 분산 형태: 산만, 고립적, 허전함 느낌. 구성에 따라 화려한 느낌으로 표현
• 불균형: 저항, 불쾌감, 불안함. 보완심리로 인간성의 풍부함, 정감과 친밀감으로 표현되기도 함

⑤ 동작 연마
• 신체 표현 능력을 개발한다.
• 미숙한 동작 발견 및 타결 방안을 모색한다.
• 대사의 균일성과 표정 정리, 분위기를 완성한다.
• 역할과 일치된 자기 정리를 한다(의상 및 분장에 대한 구상과 방법연구).

- 무대 전체의 모든 구성 요소와 자신과의 연관성을 구상화시킨다.
- 합송의 경우 상대역과의 호흡을 이룬 자기 형상화를 인식한다.
- 각 상황에서의 위치 및 시간을 파악한다.
- 모든 동작이 타당하고 자연스러우며 정확한지 재점검한다.

7장

뇌를 깨우는 시낭송의 멋!

박 은 경
(시인, 시낭송가)

◆ 이화여대 평생교육원 시낭송 & 문학테라피과정 강사
◆ 임실 전국시낭송대회 대상
◆ 토마토 TV 전국 시낭송대회 대상
◆ 치매 예방 지도사
◆ 안산 평생문학대학 시낭송 강사

진정한 시낭송가

시낭송에서는 시어(詩語) 하나, 하나가 시인의 고혈과 같은 낱말일 것이다. 시인이 표현하고자 하는 바를 정확히 표현하기 위해 어떤 때 많게는 몇십 번씩 지우고, 바꾸고, 다시 쓰기를 반복할 때도 한두 번이 아니다.

그렇게 정성 들여 써놓은 시어와 행(行), 연(聯)을 별생각 없이 술술 읽듯 지나가면 낭송가에게 좋은 시를 제공한 시인에 대한 예의도 아닐 뿐더러 시인이 말하고자 하는 뜻과 정서도 잘 전달이 안 되니까 듣는 이의 감동도 그만큼 반감이 된다.

따라서 시낭송가는 시어(詩語) 하나, 하나에 깃들어 있는 시인의 생각과 주장과 서정, 의미와 상징을 펼쳐 보이듯 실감 나게 표현해야 할 의무와 책임이 있으므로, 시어(詩語)하나, 하나를 모두 놓지 말고 붙잡아서 발음하고 낭송해야 하겠다.

'영국 신사'란 말이 있다. 영국 신사는 인격과 품행이 방정할 뿐만 아니라 말씨도 또박또박 정확하게 발음한다 하여 이를 이르는 말이다.

영어가 익숙지 못한 사람은 영국인의 또박또박 말하는 영어가 축약하듯 흘려서 빠르게 말하는 대부분의 미국인의 영어보다 이해하기 훨씬 수월하다.

　시낭송을 잘하는 사람(청중이 주목하는 시 낭송가)을 보면, 그처럼 시어 하나하나를 살리기 위해 옥돌을 광내듯 정성을 들여 또박또박 발음을 하며 전, 후의 시어를 연결하여 연음으로 발음하지 않는 것(붙여 읽지 않는 것)을 볼 수 있다. 연음으로 발음하지 않는 이유는 시어 하나라도 그냥 홀대하거나 버리지 않고 소중히 여겨 그 시어의 맛을 정확히 살려내기 위함이다.

　진주조개는 자기 몸속으로 날카로운 이물질이 들어오면 아픔을 참아내며 끈적끈적한 CaCo3라는 탄산칼슘을 계속 토해내어 겹겹으로 이물질의 날카로운 부분을 무려 1,250여 회 가깝게 층을 이루며 꼼꼼히 싸버리는데, 그로 인해 그 몹쓸 날카로운 이물질은 드디어 영롱한 진주의 핵이 되는 것이다.진주조개가 진주를 빚듯 정성을 들여 수없이 연습한 시어 하나하나를 빛내는 것이 시낭송의 역할이며, 그래야만 전정한 시낭송가라고 할 수 있다.

미치면 통한다

시낭송을 접한 지 10년이 되어 간다.
나의 첫 시집 「사랑은 연극이 끝날 때
아름답다」 출판기념일에 오셔서 시를
낭송해 주시는 선배시인의 모습에 매료
되어 나는 시낭송을 배우기 시작했다.

그 선배시인이 낭송해 준 내 시가 어
쩜 저리도 아름답고 고울까?라는 생각
이 들 정도였기에 지금도 시낭송을 할
때마다 시인 각양의 감정과 느낌을 잘

형상화(形象化) 시키어 시인이 말하고자 하는 바를 온전히 전달하려고
수십 번 읽어본 다음 나만의 옷을 입혀서 재창조한다.

현재 나는 안산 평생 문학대학과 용인 생명의 전화에서 시낭송 강의
를 하고 있다. 초·중학교에서는 우리말의 아름다움과 시심을 마음에
심어 주고, 시니어 강의에서는 재미있고 쉽게 다가오는 시를 선택하여
들려 드리고 있다. 시낭송을 듣고 우시는 어르신들, 시는 알지 못해도 몸

짓으로 아는 장애인 친구들과 다문화 모임을 더 많이 찾아가 봉사하려
고 노력한다.

  시낭송가는 내게 선물 같은 천직이고, 가르치는 일은 내게 가장 잘
맞는 옷이다. 난 지금도 배우는 것이 즐겁고 가르치는 것이 기쁘다. 나
는 나 스스로가 빛나는 별이 되기보다 다른 사람을 옆에서 더 빛나게
도와줄 수 있는 존재라는 것을 깨달았다.

  무대에 올라가기 전에 긴장하는 나는 열정적으로 낭송하고 내려오는
내 모습을 상상하면서 오늘도 또 무대에 오르고 있다.

| 꼼지락(指樂) 시낭송가 |

브레인은 생각하는 근육

21세기를 살아가는 우리가 하루(1일)에 처리하는 정보량은 19세기에서 살던 조상이 한 평생 처리하던 분량과 맞먹는다고 한다.

이제 우리는 필요한 정보를 빠르고 정확하게 찾아내는 것이 경쟁력이요, 이러한 정보를 가공하여 새로운 정보를 만들어내는 창의적 브레인이 바로 경쟁력이 되리라고 생각한다.

새로운 것을 만든다는 것은 창의적 뇌와 깊이 관련되어 있기에 교육에서도 창의성과 인성이 강조되고 있다. 그러한 교육의 시작 시점을 판가름하는 것도 점점 어려지고 있고, 교육 기간도 평생으로 이어지고 있다.

21세기는 교육에 있어 누가 뭐라 해도 뇌의 시대인데, 생각보다 뇌와 관련해 손의 중요성을 모르는 사람들이 많다.

손은 우리가 미처 알지 못하던 다양한 특성을 지니고 있다. 우리가 손의 기능적인 면만 생각한다면 손은 동물의 앞발에 지나지 않지만, 고차원적인 정신 활동을 하는 뇌와 손이 바로 직결되어 있다는 사실에 대해 조금이라도 알게 된다면, 손이 바로 뇌라는 사실을 인정하게 된다.

손은 쉽게 말해 뇌의 출력 기관이다. 예를 들어, 브레인이 물건을 잡기 위해 손에 운동 명령을 내리면, 손은 그 명령에 따라 임무를 수행한다.

손의 신경망은 뇌 운동중추의 30~40%로 넓게 자리 잡고 있다. 뇌와 신경이 연결된 비중으로 사람을 그린 '호문쿨루스'를 보면 신체 중 얼굴(혀, 입술)과 손이 유난히 크다. 그것은 바로 신경분포가 손과 얼굴에 몰려 있다는 의미이다. 그래서 손을 빠르게 많이 움직여 자극을 주면 그만큼 뇌는 빠르고 많은 운동을 하게 된다. 오른손과 왼손, 양손을 다 움직여 주면 브레인의 운동량도 운동 영역도 한층 넓어진다.

운동선수나 피아니스트를 흉내 내 손 운동만 하게 되면 30~40%를 차지하는 뇌 운동충추의 영역만 강화된다. 하지만 손 운동을 하면서 생각이란 의식적인 프로그램을 그 행위 안에 실어 준다면 우뇌와 좌뇌, 의식과 무의식을 관장하는 뇌의 모든 부분을 골고루 개발할 수 있다. 더해 손은 운동과 기억 그리고 정서 영역 등 뇌의 모든 부분과 밀접하게 연결되어 있다.

손은 제2의 브레인

백견불여일필(白見不如一筆). 백번 보는 것보다 한 번 쓰는 것이 낫다는 의미이다. 우리가 공부할 때 눈으로 보고 생각하는 것보다 한 번이라도 손으로 적어보면 기억도 잘 되고 머리에 오래 남는다. 손으로 쓰는 것이 뇌를 훨씬 강하게 자극하고 오래 기억하게 만든다는 의미이다.

그러기에 나의 시낭송 수업은 시를 여러 번 읽게 한 뒤에(낭독), 종이 위에 손으로 직접 느껴지는 감정(심상)을 그리도록 한다. 그런 다음 시를 학습하면 더 빠르고 자연스럽게 두뇌에 입력(암송)할 수 있다.

이때 종이는 나의 브레인, 색연필은 입력기가 된다.

잠자는 뇌를 깨우는 꼼지락 손 운동

우리 민족이 머리가 좋은 이유를 아십니까?

왜 국제 기능사 대회에서 항상 1등을 유지하는지 아십니까?

왜 외과 수술 시간을 미국보다 2배나 단축할 수 있는지 아십니까?

이스라엘 민족은 많은 노벨상 수상자와 석학을 배출하는 세계적으로 뇌가 우수한 민족이라 알려져 있다. 우리 민족도 이에 못지않은 우수한 뇌를 가지고 있고, 뇌의 세계적인 경쟁력을 갖춘 민족이다. 그런 우리 민족의 우수성은 바로 전통적인 손 운동 교육에서 찾을 수 있다.

이스라엘 민족은 경전 중심의 탈무드와 창조신앙이라는 교육 전통을 가지고 있는 반면, 우리 민족은 단동오훈이라는 손 운동의 교육과 젓가락 문화를 가지고 있다. 단군시대에는 2가지 중요한 교육이 있었는데, 하나는 사람을 널리 이롭게 한다는 '홍익인간'이었고, 다른 하나는 '단동오훈'이었다.

단동오훈이란, 단군시대 아동들을 가르치는 5가지 교훈(도리도리, 짝짜꿍, 곤지곤지, 잼잼잼, 각궁각궁)으로 당시 귀족 자제들을 지도하던 천지인(天地人)의 교육철학이다. 조선시대에는 왕실교육이기도 하였다.

단동오훈은 '하늘을 두루두루 살펴서 음양의 조화를 알고, 땅의 이치를 잡기 위하여 정신 차려 공부하라'는 선조들의 교육철학이었다.

우리가 일상생활에서 손을 유심히 관찰하다 보면 뇌 활동이 활발한 어린아이들이 손을 잠시도 가만두지 않는 모습을 발견할 수 있다. 그러나 뇌가 점점 굳어가는 어르신들을 보면 동상이나 석고처럼 움직이지 않고 가만히 계신다. 굳어가는 석고처럼 가만히 계시는 어르신을 보면, 손만 조금 움직여도, 뇌가 움직여 뇌가 운동을 할 수 있는데 하는 아쉬움이 항상 남는다. 사실 손이 곧 뇌라는 사실을 알기 시작한 분들은 손 운동을 열심히 하신다.

따라서 어른이든 아이든 누구나 열심히 손(뇌) 운동을 해야 한다. 우리 조상으로부터 전해져 내려온 손 운동 전통 프로그램인 단동오훈은 뇌 계발을 위한 최적의 프로그램이다. 손 운동으로 머리에 피를 순환시켜서 머리도 맑아지고 시 낭송도 잘할 수 있는 뇌의 환경을 만들어 준다.

손 운동으로 뇌를 자극하여 뇌를 깨우면, 뇌는 유연하고 강해진다. 손은 뇌의 축소판이며, 뇌의 신경 근육과 같아서 손 운동이 바로 뇌 근육 운동이 되는 것이다.

손 운동을 통하여 뇌가 강해진다는 것은 바로 뇌의 순발력과 지구력이 향상된다는 의미이다. 이렇게 뇌의 속도나 힘이 강해지면 집중력과 기억력이 향상되고 잠재력까지 나타나게 된다.

| 한 사람의 생명이 천하보다 귀하다! |

용인 생명의 전화

　용인 생명의 전화에서 공부하며 상담자로 활동한 지 7년이 되어 간다. 정신적으로 괴로움을 겪는 사람에게 지지와 위안을 제공하고 더 나아가 내담자가 더 효율적인 삶을 살고 자신의 잠재력을 발휘할 수 있도록 도움을 주고자 노력한다. 그러나 어려운 상담이론을 계속 공부하면서도 실제 전화상담을 하게 되면 두려움과 미흡함이 많다.

　수업에서 배운 대로 주의 깊게 듣고, 감정이입하고, 판단하지 않고, 내담자가 사고와 감정을 탐색하도록 격려하며, 내담자가 문제에 대해 새로운 시각을 갖는 데 도움을 주고, 삶을 향상 시키기 위한 실천을 하도록 동기유발을 시키려고 노력하지만 상담 후에는 형식적인 질문만 하지 않았나 반성해 보기도 한다.

　상담에 들어가기 전 기도를 한다. 정말로 힘들고 자살을 생각한 내담자를 이해하고, 그들의 입장에 서서 아픔을 함께하며 이야기를 듣게 해 달라고. 그들의 현실을 진심으로 이해하면서 이야기를 들어 주라고.

　상담 후 감사하다는 내담자의 말씀이 전화선으로 흘러들어올 때 보람을 느낀다.

| 초·중학교 생명존중, 자살예방 수업 들어가다 |

지난 한 해 자살한 초·중·고생이 2015년보다 16.5%나 증가했다는 통계는 우리 사회에 적지 않은 충격을 던져 주었다. 가뜩이나 경제협력개발기구(OECD) 회원국 중 자살률이 가장 높아 '자살공화국'의 불명예를 얻은 상황에서, 미래를 이끌어 갈 청소년의 자살이 급증하는 데에 우려가 커지고 있다. 청소년 자살을 개인, 가정의 문제로만 돌릴 수 없는 이유이다. 가정과 학교, 사회 구성원이 머리를 맞대고 근본적이고 총체적인 대책을 세워야 할 때다. 이러한 시점에서 생명의 전화에서 공부한 선생님들과 초·중학교에 찾아가 생명존중과 자살예방 수업을 하게 되었다.

청소년 자살예방은 개인 혼자서도, 학교나 가정에서만 교육이 이루어진다고 해서도 해결되지 않는다. 개인부터 학교, 가정, 지역사회와 의료기관까지 연결되어 체계적인 서비스로 언제 어디서나 청소년들의 소리를 들을 수 있도록 해야 한다.

용인 생명의 전화에서는 상담자로 청소년들의 고민을 들어주고, 직접 학교에 찾아가서는 자살행위까지 가지 않기 위해서 어떤 노력을 해야 하는지 학생들과 역할극을 하며 많은 이야기를 나눠본다. 생명존중과 자살예방은 나에서 시작하지만 너와 우리가 함께해야 지킬 수 있다. 그래서 3시간에 걸쳐서 '나, 너, 우리'라는 키워드를 가지고 프로그램을 진행한다.

나의 강점을 생각하며 나만의 가치를 발견하고, 친구가 힘들 때 어떤 말과 행동이 친구에게 힘을 주는지, 자살위험 신호란 무엇인지 생각해 보며, 자살이라는 무거운 주제를 퀴즈와 함께 풀어내 재미있게 수업을 진행하고 있다.

친구가 자살위험신호를 보낼 때 빨리 알아차려서 이야기를 들어주고 손을 잡아줄 수 있는 사람이 되자고 나 스스로에게 약속하는 시간도 가져본다. 세상은 더불어 같이 가는 삶이기에 '제3의 법칙'을 영상으로 보여주고 실제로 지킬 수 있고 실천할 수 있는 친구돕기를 구체적

으로 적어보게 하고 발표를 하도록 한다. 나의 수업이 청소년 자살예방에 미약하나마 효과가 있었음을 사후 설문지를 보면서 확인하였고 앞으로 더욱더 많은 학교를 찾아가서 수업을 하려 한다. 수업 전이나 후

에는 학생들에게 시낭송을 들려주는 이벤트를 하고 있다. 그들 마음에
아름다운 꽃을 심어 주어 정서적 측면에서 그들을 순화시켜주려 한다.
그렇게 해서 난 그들의 자살을 안타까워만 하지 않고, 그 원인을 없애
는 일을 찾아 앞으로도 계속 행진할 것이다.

씁쓸한 1위, 노인 자살률

> 노인이 세상을 떠난다는 것은 박물관 하나가 불탄 것과 같다.
> – 아프리카 속담 중에서 –

다른 나라보다 노인을 공경하고, 연장자에 대한 예의가 깍듯한 한국이지만 우리나라의 노인들은 다른 나라의 노인들보다 불행하다고 한다. 그 불행은 심지어 치명적이기까지 하다.

노인과 관련하여 우리나라는 두 가지 부분에서 OECD 국가 중 1위를 기록했다. 하나는 노인빈곤층 비율, 다른 하나는 노인 자살률이다.

통계청이 발표한 2011년 사망원인 통계에 의하면, 65세 이상 노인 10만 명당 79.7명이 자살로 세상을 떠났다. 80세 이상의 경우 10만 명당 116.9명이 자살로 생을 마감했다.

많은 노인이 사회와 가족의 외면 속에 빈곤과 소외감과 싸우다 자살을 선택한다. 부끄러움을 떠나서 끔찍하고 무서운 통계 수치가 아닐 수 없다. 세대를 막론하고 자살의 원인은 절망감이다. 젊은이든 노인이든 희망이 보이지 않을 때 자살을 생각한다. 상담을 하다 보면 노인들은 몸이 병들었을 때, 우울증에 걸렸을 때, 궁핍해졌을 때, 그리고 가정에 불화가 있을 때 자살을 생각한다고 한다.

자신의 노쇠한 육체와 지친 마음을 감당해야 하며, 가까운 지인들과 가족들이 떠나가고 벗이 죽어가는 것을 견뎌내기 어려워 생명의 전화에 문을 두드리기도 한다. 여기에 우울증까지 더해지면 절망의 나락으로 떨어지는 느낌이 들어 자살을 선택한다.

　사회적으로 노인의 자살을 막기 위한 노력이 필요하다. 또한 노인 스스로의 노력도 중요하다. 자신의 쇠약해진 심신에 집착할 것이 아니라 자신의 인생을 돌아보고 삶의 의미를 찾기 위해 노력해야 한다. 친목모임 등의 사회활동, 봉사활동, 종교활동 등도 우울증을 예방하는 데 도움이 된다.

　무엇보다 가장 중요한 것은 자살을 생각하고 있는 노인에게 따뜻한 공감을 보내 주는 것이다. 우울한 기분이 지속적으로 이어지거나, 자살에 대한 생각이 자주 들 때 생명의 전화에 전화를 하시라고 권해도 좋다. 문제 해결은 못 해주지만 이야기를 들어주고 아픈 자리를 어루만져 줄 수 있는 상담자들이 많기에 적극 추천한다.

액티브시니어 반열에 서다

노후에 정서적 자립을 위해서는 무엇보다 자신만의 개성을 파악해야 한다. 자신이 진정으로 좋아하는 일을 위해 인생 2막을 열다 보면 자아실현으로 연결되면서 정서적 자립이 가능해진다.

외국의 중년들은 조금 어렵고 의미 있는 여가 활동을 시도하는 걸 좋아한다. 이를 통해 자기계발, 자원봉사, 타인과의 교류 등 다양한 효과를 얻는다. 그들은 장애인과 함께하는 교실, 범죄 청소년과 함께 걷는 트레킹, 해외여행과 자원봉사를 결합한 봉사 여행 등의 여가 활동을 즐긴다. 이러한 진지한 여가 활동에는 많은 사람을 사귀면서 공동체의 일원이 되는 효과가 있다. 그래서 정서적 자립이 매우 중요한 수단이 된다. 우리도 골프, 등산, 여행과 같은 동호회 활동 위주로 가볍게 이루어지는 여가 문화의 수준을 한 단계 높일 필요가 있다.

나는 4년 전부터 메타기억훈련교육을 시작으로 노인심리상담사, 문학심리상담사, 다문화심리상담사 교육을 받았다.

한국시니어협회 강사로 활동하면서 나만의 '꼼지락(指樂) 시낭송가'로 태어났다. 손과 낭송을 접목해 치매를 예방하고 단기인지기억 수업으로 어르신들에게 기억력을 회복시켜 주려고 노력하고 있다.

'꼼지락 시낭송'은 손가락 운동을 통한 치매 예방과 시낭송으로 노후를 신나고 즐겁게 보낼 수 있도록 도와주는 수업이다.

뇌를 움직이는 손 운동은 뇌를 하나의 신경 근육으로 보는 신경과학계의 알통이론에 근거한다. 근육을 적정하게 움직여 주면 강해지고 부드러워지듯이 뇌를 운동시키면 강해지고 유연해지면서 속도도 높아진다. 꼼지락 운동은 손힘을 기르고 부드럽게 하여 혈액순환을 돕는 손 운동이다. 여기에 시를 외워 낭송하는 일은 뇌의 왼쪽 앞부분인 전두엽을 자극하여 기억력에 도움을 주며, 시의 아름다움을 느끼게 한다.

치매야 물렀거라!

복지관 강의를 하다 보면 어르신들이 치매를 제일 무서워하시기에 노인들에게 쉽게 놀이가 되며 강의할 실버인지놀이 지도자 과정을 알게 되었다. 놀이를 통한 재미와 경쟁심 유발로 자칫 무기력해지기 쉬운 노인들에게 동기부여를 하고 기억력, 시공간 능력, 실행기 능력(?) 등, 다양한 인지능력을 향상시켜 치매를 조금이라도 늦출 수 있는 프로그램을 배우게 되었다.

내가 제일 좋아하는 놀이는 인지음악 뮤직터치인 '컵타'이다. 음악에 맞춰 컵으로 리듬을 치거나 두들기면서 재미있게 즐기는 타악기 음악 놀이다. 독주뿐 아니라 그룹연주도 가능해 노인들에게 활력과 생기를 준다.

이 컵타를 할 때면 인지장애 정도에 관계없이 기억과 정서가 자연스럽게 자극되어 치매나 우울증, 뇌졸중 등 노인 질환의 예방과 치료에 효과가 있음을 알게 된다.

치매에는 올바른 진단과 치료도 중요하지만 올바른 예방과 관리가 더 중요하다는 것을 알게 되었다. 복지관, 경로당, 주·야간 보호센터 등에서 꼼지락(손가락), 컵타 그리고 시낭송을 접목해서 강의하고 있다.

배우는 즐거움을 통해 삶의 질을 향상시키고, 생활 속에서 자연스럽게 인지건강을 유지하도록 더 많은 프로그램을 공부하여 노인분들이 무기력하고 지루한 일상을 탈피하고 고독감을 해소하도록 도움을 드리고 싶다.

| 내일은 없다, 어제도 없다

　　　　나에겐 오늘 이 순간만이 있을 뿐이다 |

'어제는 역사이고 내일은 미스터리이며 오늘은 선물입니다.'

　이 말은 루스벨트 대통령의 영부인인 엘레나 여사의 연설로 알려진 유명한 말이다. '오늘'이란 말은 싱그러운 꽃처럼 풋풋하고 생동감을 안겨 준다. 마치 이른 아침 산책길에서 마시는 한 모금의 시원한 샘물 같은 신선함을 주기에 우리는 또 하루의 계획을 그려 본다.

　기존의 쳇바퀴 도는 듯한 반복적인 삶에서 벗어나 삶의 얘깃거리를 만들기 위해 뭔가 새로운 것을 해보겠다는 가슴 뛰는 삶.

　삶은 어디로 가고 있느냐도 중요하지만, 어떻게 가고 있느냐가 더 소중하다고 생각한다.

　내 벽에 걸려 있는 빡빡한 일정표를 보면 뿌듯하다. 할 일이 많다는 것은 소모할 에너지가 그만큼 많이 필요하다는 뜻이기에 나는 오늘도 집 앞 천변을 달리고 달린다.

4년 전부터 마라톤을 시작하면서 체력을 다져 신체와 정신의 균형을 맞추려 노력하고 있다. 난 나의 삶의 계획이 산 정상에 오르지 못하더라도 칭찬할 것이며, 산 중턱에서 넘어져서 다 오르지 못했더라도 웃을 것이다. 하지만 그보다 더 칭찬할 만한 일은 내가 지금 할 수 있는 것보다 더 큰 것을 꿈꾸면서 꾸준히, 묵묵히 이겨내고 노력하는 과정이라 생각하기에 난 오늘도 정상을 향해서 걸어갈 뿐이다.

2018년 가을 학기부터 더 큰 도전이 나를 기다리고 있다.

액티브 시니어 시낭송 강의! 멋진 강의를 하기 위해 난 오늘도 도전장을 던진다.

행복의 씨앗인 나를 가꾸면서 행복하고 즐겁게 살아가기 위해 과감하게 팔을 걷었다. 지속적인 배움으로 나의 빈 곳을 채우고, 생명존중 자살예방 강사, 꼼지락 치매 강사로 거듭나면서 열정적인 봉사와 교육으로 나의 작은 자산들을 많이 공유하며 나누는 시낭송가로 멋지게 살아갈 것이다.

'아름다운 젊음은 우연한 자연현상이지만

아름다운 노년은 예술 작품입니다.'

[참고문헌]

- 안종환, 「미래 시학(지상 시 낭송(朗誦) 강좌)」

- 이채완, 「기적의 뇌 – 핸디브레인」

- 에릭 R. 「브레이버맨, 뇌체질 사용설명서」

- 김현수, 단동오훈 연구

- 한국일보, 10대 자살률만 상승 왜? "공부해도 미래 안 보여"

8장

액티브시니어의
행복한 인간관계 비법

송 훈

◆ 액티브시니어지도사 / 시니어플래너지도사

◆ 사회복지사

◆ 동국대 행정대학원 석사

◆ 현)안양대 평생교육원 시니어플래너지도사과정 주임강사

◆ 현)솔샘 어린이집 대표

존중받고 싶다면 상대를 먼저 존중해 주어라!

사람은 누구나 존중받고 싶어 한다. 그러나 존중이란 마음속에서 우러나오는 것이므로 명령하거나 윽박지른다고 해서 얻을 수 있는 것이 아니다. 남을 깔보고 무시하여 자신의 존재를 높이려 해서 되는 일도 아니다. 존중받고 싶다면 내가 먼저 다른 사람을 존중해야 한다. 존중이라는 것은 결코 어마어마한 노력을 필요로 하는 일이 아니다. 서로 아끼고 보살피고 함께하는 것. 그것이면 충분하다고 생각한다.

프랑스에는 '톨레랑스(tolerantia)'라는 말이 있다. 프랑스를 '톨레랑스의 사회'라고 말하는데 이는 프랑스인들이 자신과 다른 사람의 차이를 너그럽게 인정하는 마음을 관습으로 갖고 있음을 뜻한다. 우리말로 해석하자면 '관용'이라고 할 수 있다. 관용은 남의 허물을 너그럽게 받아들이고 나보다 부족한 사람을 도와주고 돌봐주는 정신이다. 한 걸음 더 나아가 각자의 개성을 인정하고 존중한다는 의미이다. 하찮아 보이는 직업을 가졌어도 무시하거나 업신여기지 않고 따뜻한 마음으로 존중하자는 뜻이다.

요즘 대한민국 사회에서는 가진 사람이 가지지 못한 사람을 무시하는 일이 참으로 많이 일어난다. 부자인 부모를 만나 좋은 대학을 나와 실력과는 상관없이 젊은 나이에 높은 자리에 앉고, 학벌도 인맥도 없어 힘들고 위험한 일을 하는 사람을 도와주기는커녕 인정사정없이 짓밟아 버리고 자존감을 무너트리고도 아무렇지 않게 살아가는 모습이 자주 뉴스에 나온다. 다른 사람을 너그럽게 이해하고 감싸 안는 마음 없이 온갖 편협함과 냉혹함을 가진 사람은 존경받을 수 없다. 물론 가진 사람들이 모두 그런 것은 아닐 것이다.

2018년 5월 20일, 들려온 구본무 LG 회장의 타계 소식을 듣고 첫 느낌은 좀 일찍 돌아가셨구나라는 생각이었다. 1945년생이니 올해 73세로 요즘 평균수명을 감안하면 장수하셨다고 보긴 어렵다. 타계하신 후, 여기저기서 그를 둘러싸고 찬사가 쏟아졌다. 각계각층의 인사들이 고인과의 인연을 이야기하며 고인의 인품을 칭송했다. 심지어 좌파 성향의 일부 고위층들까지 '구본무 추모 행렬'에 동참했는데, 솔직히 말해 나는 이걸 보고 좀 많이 놀랐다.

구본무 회장은 어떻게 그렇게 많은 사람에게 존경받을 수 있었을까?

구본무 회장은 사업에 있어서는 누구보다 엄격한 승부사였지만, 평소에는 상대에 대한 존중과 배려에서 우러나오는 리더십을 발휘했다.

구 회장의 존중과 배려는 작은 것이라도 자신이 약속한 것은 반드시

지키는 것이었다. 그는 항상 약속 시간보다 30분 먼저 도착해 상대방을 기다리는 등 작은 약속도 소중히 여겼다.

한번은 LG 테크노 콘퍼런스에서 만난 대학원생들과 '다음에 다시 한 번 자리를 만들겠다'며 식사 일정을 약속했는데, 약속 시기였던 2013년 5월 구 회장이 방미 경제사절단으로 가게 되면서 일정이 겹치게 되었다. 하지만 구 회장은 이 대학원생들과의 약속을 지키기 위해 이틀에 걸친 빡빡한 일정을 모두 마친 뒤 잠깐의 휴식도 마다하고 곧바로 귀국했다고 한다.

당시 구 회장은 대학원생들에게 "신용을 쌓는 데는 평생이 걸리지만 무너지는 것은 순간이다. 피곤했지만 여러분과의 약속을 지키려고 어젯밤에 귀국했다"라고 말한 것으로 알려졌다.

구 회장은 틈틈이 경영진에게도 자만을 경계하는 마음가짐을 당부하면서 리더로서의 배려와 소통을 강조했다.

해외 사업장을 찾을 때면 현지 임직원들에게 "제가 이곳에서 환영받고, 또 LG가 글로벌 시장에서 인정받고 있는 것은 제가 잘나서가 아니라 여러분이 멀리 타국에서 고생하고 노력해 준 덕분"이라고 말했다고 한다. 이 말을 타국에서 들었던 직원들의 마음이 어떠했을지는 말하지 않아도 알 수 있다.

이같이 구 회장은 겸손한 품성으로 재벌 총수 같지 않은 매우 소탈하고 검소한 면모를 지녀 구 회장을 처음 만난 사람은 대부분 놀라기도 했다고 한다. 일례로 구 회장이 부장 시절 해외출장을 함께 간 기업인사가 나중에 귀국해서야 동행한 구 회장이 그룹 회장의 맏아들임을 알고 놀랐다는 사실이 전해질 정도였다.

구 회장은 주요 행사에 참석하거나 해외출장 시에도 비서 한 명 정도만 자신을 수행하도록 했고, 주말에 지인 경조사에 갈 때에는 비서 없이 홀로 가기도 하고, 수수한 옷차림에 이웃집 아저씨 같다는 이야기도 많이 들었다고 한다.

직원들과도 소탈하게 어울리던 회장은 직원들에게 격의 없이 다가가 맛있는 음식을 먹어보라고 먼저 권하기도 하는 등 자상하고 따뜻한 마음을 보였다.

다른 사람보다 많이 가지고 있었지만 언제나 겸손하고 상대방을 존중했던 구본무 회장은 많은 사람의 마음속에 존경과 함께 따뜻하게 기억될 것이다.

존중은 역지사지의 태도에서 출발한다. 상대방의 입장이 되어 생각해보고 행동하는 것이다. 말 한마디를 할 때도 상대의 입장에서 어떻게 들릴지 생각하고, 작은 행동 하나도 상대방에게 상처가 되지 않을까 사려하는 것이다. 날로 심각해지는 갑질 사회문제나 학교폭력 문제 등은 어쩌면 이러한 태도, 즉 존중의 결핍과 부재에서 비롯된 것이 아닐까?

　　우리 모두 돈이나 힘으로 만들어진 가짜 행복이나 혼자만 배부르면 된다는 이기주의가 아니라 관용, 나눔, 배려, 이해, 양보, 용서 같은 따뜻한 말들이 일상을 채우도록 노력해야 한다고 생각한다.

| '공감'은 상대의 마음을 움직인다 |

　　공감이라는 말은 듣기만 해도 마음이 따뜻해진다. 공감이란 '함께' 혹은 '같게 하다'라는 뜻을 지닌 공(共)과, '느낌' 혹은 '마음을 움직이다'라는 의미의 감(感)으로 구성되어 있다.

　　요즘은 공감이라는 말을 주위에서 많이 듣는다. 공감이라는 단어는 그 자체로도 자주 쓰이지만, 다른 말과 결합하여 신조어로 등장하기도 한다. '공감 요리, 공감 음악, 공감 수업' 등이 그런 예이다. 아마 공감이라는 어휘가 호감을 주고 더 친근한 느낌을 주어서인 것 같다.

　　'상대가 생각하고 느끼는 것을 이해하는 것.' 여기서 '느낀다'라는 것역시 그 주체인 사람의 감정 상태를 의미한다.

　　「비폭력의 대화」 저자 마셜 B. 로젠버그는 공감을 '상대방이 하는 말에 우리의 모든 관심을 집중하는 것'이라고 정의했다.

　　로젠버그 박사는 "공감의 열쇠는 바로 우리 존재이다. 그 사람과 그가 겪는 고통에 온전히 함께 있어주는 것이다"라고 했고, 칼 로저스는 "어떤 사람이 나를 판단하지 않고, 나를 책임지려 하거나, 나에게 영향을 미치려 하지 않으면서, 내 말에 진지하게 귀 기울여 들어줄 때 나는 정말 기분이 좋다. 누군가 내 이야기를 듣고 나를 이해해준다면 나는 새로운 눈으로 세상을 다시 보게 되어 앞으로 나아갈 수 있다. 누군가가 진정으로 들어 주면 암담해 보이던 일도 해결 방법을 찾을 수 있다는 것은 놀라운 일이다"라고 했다. 내가 귀 기울여 준 그 사람이 나의 공감 듣기에 힘입어 '세상을 다시 보고' 앞으로 당당히 나아갈 수 있다면 이보다 더 놀랍고 기쁜 일도 없을 것이다.

아프냐, 나도 아프다.

모 드라마에서 나왔던 대사다.

타인의 고통을 보는 것만으로 자신도 같은 감정을 느낄 수 있다는 상징적인 대사다. 이는 실제로 신경차원에서의 공감연구에서 밝혀졌다. 즉, 고통스러운 자극을 받을 때 '고통 매트릭스(Pain Matrix)'란 별명이 붙은 뇌 부위가 활성화된다는 것이다. 더욱이 직접 고통자극을 받지 않고 사랑하는 사람이 그 자극을 받는 것을 지켜볼 때도 고통 매트릭스가 활성화됐다. 이런 정서적 공감을 통하면 말하지 않아도 상대방의 감정을 그대로 느낄 수 있다.

내가 공감했다는 것을 상대에게 전달하는 방법은 여러 가지지만, 가장 일반적인 몇 가지는 다음과 같다.

첫째, 상대의 마음과 상황의 상태가 내 마음에 와 닿은 것을 말로 그대로 전달하는 방법이다.

"얼마나 힘들었을까!", "무척 괴로웠겠다", "그 얘기를 들으니 내 가슴이 찡하고 눈물이 난다", "힘들었던 만큼 좋은 결과가 꼭 있을 거야~" 등 내 마음에 전달된 정서를 상대에게 말로 전하는 것이다.

둘째, 눈을 마주 보고 말하며 고개를 끄덕이는 방법이다.

눈은 상대의 마음을 읽는 통로이자, 동시에 내 마음을 전달할 수 있는 도구이기도 하다. 아픔과 슬픔의 감정을 담아 상대를 바라보며 그의 감정을 이해한다는 의미로 고개를 끄덕여준다면 상대방은 감동할 것이다.

셋째, 상대의 아픔을 접촉으로 공감하는 방법이다.

말주변도 없고 상대의 눈을 바라보기도 어렵다면, 고통 속에 있는 상대의 손을 꼭 잡아주거나 어깨를 지그시 안아주는 방법도 좋다.

이 세 가지 방법을 모두 사용한다면 상대방은 고마운 마음과 함께 감동할 것이다. 그런데 공감하며 주의해야 하는 것이 있다.

아래, 로젠버그 박사의 공감 듣기 방해 장애물 9가지를 정리해 보았다.

① 조언하고 충고하기: "내 생각에, 넌 이렇게 해야 해."

② 가르치기: "힘들지만 이건 좋은 경험이니까 여기서 배우도록 해."

③ 말 끊기: "그만, 이제 기운 내자."

④ 동정하기: "참 안됐다. 어쩌냐?"

⑤ 심문하고 조사하기: "그래서 말이야, 어떻게 된 거야?"

⑥ 설명하고 해석하기: "그게 말이야, 이렇게 된 거야."

⑦ 무조건 안심시키기: "걱정하지 마, 다 잘 될 거야!"

⑧ 타이르기: "마음을 가라앉혀!"

⑨ 침묵을 참지 못하고 아무 말이나 하기

공감에서 가장 큰 장애물은 '말하기'이다.

우리 모두는 누군가에게 위로받고, 함께 공감하기를 바란다. 누군가 내 이야기를 듣고 나를 이해해준다면 나는 새로운 눈으로 세상을 다시 보게 되어 앞으로 나아갈 수 있다. 누군가가 진정으로 들어주고 공감해 주면 암담해 보이던 일도 해결 방법을 찾을 수 있다는 것은 참으로 놀라운 힘이다. 내가 귀 기울여 준 사람이 나의 공감에 힘입어 '세상을 다시 보고' 앞으로 당당히 나아갈 수 있는 힘을 얻는다면 이보다 더 놀랍고 기쁜 일도 없을 것이다.

칭찬은 고래도 춤추게 하는 마력이 있다

칭찬이란 '좋은 점이나 착하고 훌륭한 일을 높이 평가하는 것'이다.

사람의 마음을 움직이는 비결은 이 세상에 오직 한 가지 방법밖에 없다. 그 사람 스스로가 마음을 움직이고 싶다는 기분이 들게끔 감정을 불러일으켜 주는 것이다. 상대의 마음을 움직이려면 상대방의 장점에 칭찬과 격려를 아끼지 않아야 한다. 사람들은 칭찬받는 것을 매우 좋아한다. 하지만 대부분의 사람들은 이와 반대로 칭찬에 매우 인색하다.

칭찬의 긍정적 효과

칭찬의 긍정적 효과는 과정을 칭찬해 줌으로써 일어난다. 부모가 아이를 칭찬할 때도 마찬가지로 과정을 칭찬해야 한다. 그렇게 한다면 아이의 결과가 기대에 미치지 못한다 할지라도 아이는 자신의 과정에 대해 만족하게 되고 노력을 인정받고 지지받는 기분을 느낄 것이다. 그러한 느낌은 후에 아이에게 긍정적인 요소로 작용할 수밖에 없다.

주의점이 있다면 칭찬할 때는 반드시 칭찬해야 할 일에만 칭찬을 하고, 칭찬받는 이유를 수긍할 수 있게 설명해 주어야 한다는 것이다.

- 자신감을 상승시킨다.

매일 혼만 나는 아이와 매일 칭찬만 받는 아이는 시간이 지나면 많은 차이를 보인다고들 말을 한다. 칭찬받는 아이의 특징은 자신감을 상승시켜 보다 더 나은 삶을 살아갈 수 있는 힘을 얻으려고 한다는 것이다.

- 밝은 성격을 갖게 한다.

칭찬을 많이 받은 사람들은 그렇지 않은 사람들에 비해서 굉장히 밝은 성격을 가진다고 한다. 그렇지 않은 아이들은 어둡고 내성적인 성격을 갖게 되는 경우가 많다. 아이들에게 아주 중요한 영양제는 육체를 튼튼히 하는 영양제가 아니라 정신을 튼튼하게 하는 부드러운 칭찬과 격려이다.

- 칭찬만으로 에너지가 충전된다.

매일 같은 일상을 살아가는 사람들은 힘들고 무료한 기분을 많이 느낀다. 거기에 칭찬을 받지 못하고 계속 같은 일만 한다면 지치기 마련이다. 하지만 칭찬을 많이 받는 사람들은 에너지를 많이 얻을 수 있기에 하루하루를 보다 더 활기차게 보낼 수 있게 된다.

- 칭찬의 피그말리온 효과

누군가에게 긍정적인 기대와 관심을 지속적으로 보내게 되면 그 사람에게 긍정적인 영향을 줄 수 있다는 것이 바로 피그말리온 효과이다. 자기 스스로에게 '할 수 있다!', '잘 될 거야!'라는 기대의 최면을 걸어 자신도 미처 알지 못하게 숨어있는 잠재능력을 끌어올리는 자기충족적 예언(self-fulfilling prophecy)과도 비슷한 개념이라고 생각할 수 있다.

지난 올림픽 펜싱 경기에서 국가대표 박상영 선수가 경기의 중요한 시점에서 '할 수 있다!'라고 스스로에게 주문을 건 뒤에 실제로 기적과도 같은 역전승을 거두어 금메달을 딴 사례를 우리는 보았다. '할 수 있다!'와 같은 긍정적인 응원의 목소리를 들려주는 것이 자신은 물론 타인에게도 좋은 결과를 만들어내는 경우가 우리 주위에서도 많기 때문에 가정교육과 학교교육에서는 이를 많이 기대하고 활용하기도 한다.

장점을 찾아 칭찬하기

칭찬은 상대방에게 용기와 신념과 새로운 기회를 주는 행위다. 특히 사람은 누구에게나 약점이 있고 단점이 있다. 이것을 바꾸어 보면 장점이고 강점이 될 수도 있는 것이다.

- 말이 많은 사람에 대하여 → 사교성이 많은 사람이다
- 고집 센 사람에 대하여 → 주관과 소신이 있다
- 아부하는 사람에 대하여 → 애교가 있는 사람이다
- 나서서 설치는 사람에 대하여 → 적극적인 사람이다
- 느린 사람에 대하여 → 여유가 있는 사람이다
- 신경질적인 사람에 대하여 → 샤프한 사람이다
- 무식한 사람에 대하여 → 터프한 사람이다

사람에 대한 평가는 동전의 양면과 같다. 어떤 면을 보느냐에 따라 완전히 사람을 다르게 볼 수도 있다. 우리는 주변 사람들에게 용기와 신념을 주는 칭찬을 많이 해야 한다.

칭찬 연습하기

누군가를 대상으로 연습하는 것보다 먼저 거울 앞에 선 자기 자신에게 연습해 보면 좋다. 심리학자 에릭슨은 칭찬을 잘하는 6가지 방법을 말했다.

칭찬의 기술 6가지

① 소유가 아닌 재능을 칭찬하라

사람들이 원하는 것은 능력이다. 능력을 인정받는 순간 뿌듯함을 느낀다. "넥타이가 멋있네요"보다 "역시 패션 감각이 탁월하네요"가 낫다.

② 결과보다 과정을 칭찬하라

올라온 높이보다 헤쳐 온 깊이를 헤아려주면 상대는 감동한다. "일등 했다면서?^^"보다 "그동안 정말 애썼다^^"가 낫다.

③ 작은 것을 칭찬하라

물 한 방울이 모여 큰 강을 이룬다. 별것 아닌 일에도 "음!", "와우!" 같은 감탄사는 위력을 발휘한다.

④ 공개적으로 칭찬하라

혼자보다는 셋 이상의 자리가 낫다. 특히 당사자가 없을 때 남긴 칭찬은 그 효과가 배가 된다.

⑤ 공감의 칭찬을 하라

공감하면 상대도 감응한다. "참 좋겠어요?"보다 "저도 참 기분이 좋더라고요"가 낫다.

⑥ 남들에게 하는 것만큼 자신을 칭찬하라

자신을 잘 칭찬할 수 있는 사람이 남도 잘 칭찬할 수 있다. 거울 속 나를 보고 칭찬해보라. "어려운 상황인데도 참 잘해냈어. 나는 네가 자랑스러워!"

사람은 남을 칭찬함으로써 자기가 낮아지는 것이 아니다.
도리어 자신을 상대방과 같은 위치에 놓게 된다.

[출처] 칭찬의 기술

좋은 친구가 되어라!

자신의 인생에서 가장 많은 시간을 보내는 사람 중 하나가 누구라 생각하는가?

바로 친구이다. 가장 많은 시간을 보내는 만큼 인생에 있어 가장 중요한 사람도 친구이다. 어떤 친구와 어울리는지에 따라 자신의 삶이 결정된다는 말이 있을 정도로 사람에게 있어서 '친구'란 인생의 길동무이자 휴식처다.

그럼 인생에 있어 어떤 친구가 좋은 친구일까? 내가 어려울 때 곁에 있어주는 친구, 어려운 상황에 처했을 때 곁에 있어주는 친구가 진정한 친구이다. 비밀을 지켜줄 수 있는 친구, 단점보다 장점을 치켜세워주고 장점을 강조해 주는 친구가 진정한 친구라고 생각한다.

예로부터 좋은 친구를 얻는 가장 좋은 방법은 '먼저 좋은 친구가 되는 것이다!'라고 했다. 좋은 친구를 얻는 방법은 친구에게 부탁을 들어달라고 하는 것이 아니라 내가 친구의 부탁을 들어주는 것이다. 내가 좋은 친구가 될 자신이 없는데 좋은 친구를 바라는 건 어떤 기준에서 보더라도 욕심일 것이다.

영국에 있는 출판사에서 상금을 걸고 '친구'라는 말의 정의를 공모한 적이 있다. 수많은 응모엽서 중 아래와 같은 글들이 선발되었다.

'기쁨은 더해주고 고통은 나눠 갖는 사람'
'언제나 정확한 시간을 가리켜 주고 멈추지 않는 시계'
'우리의 침묵을 이해하는 사람'

하지만 1등은 다음 글이었다.
'친구란 온 세상 사람이 내 곁을 떠났을 때 나를 찾아오는 사람이다.'

그리스 철학자 에피쿠로스는 "한 사람이 평생을 행복하게 살아가기 위해 필요한 것 가운데 가장 위대한 것은 친구다"라고 했다. 주위 사람들을 칭찬하고, 자신도 이웃과 친구에게 필요한 사람으로 살면 인생은 훨씬 아름다워진다.

100세 시대를 앞두고 삶을 아름답게 하는 것은 재산이나 명예나 권력이라기보다는 가족, 친구, 이웃들과 서로 아껴주고 사랑하는 인간관계일 것이다. 행복한 노년을 결정짓는 핵심조건으로 40대가 되면 재산을 불리고 모으는 재테크만 중요한 것이 아니라, 마음을 나눌 수 있는 친구를 주위에 많이 만들어두라는 뜻에서의 우(友)테크를 시작해야 한다는 말까지 등장했다.

친구와의 우정을 오래도록 올바르고 우애 깊게 지속해가려면 네 가지의 척(아는 척, 가진 척, 잘난 척, 있는 척)을 하지 말아야 한다. 자기를 낮추고 겸손함과 함께 진정한 우정과 사랑과 이해로 서로를 감싸 안고 위해준다면 그 우정은 틀림없이 오래갈 것이다. 진정으로 마음을 편하게 주고받을 수 있는 친구가 있으면 오래 살 수 있다고 한다.

미국의 노스캐롤라이나대학과 브리검영 대학이 8년간 30여만 명을 대상으로 연구한 결과에 따르면, 좋은 친구와 건강한 인간관계를 맺고 살아온 사람이 그렇지 않은 사람보다 평균 3~4년 더 오래 사는 것으로 나타났다.

어떤 노인이 개구리 한 마리를 잡았는데 개구리는 이렇게 말했다.

"키스를 해주시면 저는 예쁜 공주로 변할 거예요." 그런데 이 말을 들은 노인은 키스는커녕 개구리를 주머니 속에 넣어 버렸다.

개구리는 깜짝 놀라 "키스를 하면 예쁜 공주와 살 수 있을 텐데 왜 그렇게 하지 않죠?" 하고 물었다. 그랬더니 노인은 "솔직히 말해줄까? 너도 내 나이가 되어 보면 공주보다 말하는 개구리가 더 좋을 거야^^." 라고 답했다.

친구가 귀해지는 은퇴기에는 이야기할 상대가 매우 중요해진다.

노인이 예쁜 공주보다 주머니 속에 늘 지니고 다닐 수 있는 말하는 개구리를 선택한 이유는 여기에 있다.

진정한 우정은 세월이 지날수록 더 아름다워지며 시간이 흐를수록 더 가깝다고 느껴져야 한다. 보이는 것으로만 평가되는 이 세상에서 보이지는 않지만 서로의 마음을 맡기며 의지가 되는 참 좋은 친구, 내가 아플 때나 외로울 때, 내가 힘 들거나 어려울 때 정말 좋지 않은 일들이 있고, 견디기 힘든 환경에 처할수록 우정이 더 돈독해지는 친구, 그런 친구가 있다면 참 좋겠다.

나 또한 나의 친구들에게 그런 친구로 기억되기를 바라며 앞으로 더 많은 노력을 기울여야겠다.

모든 것을 가졌다 해도 친구가 없다면,
아무도 살길 원치 않을 것이다!
– 아리스토텔레스 –

살아가면서 더불어 행복해지기 위해서는 상대를 존중하고 상대의 마음에 공감해야 한다. 이렇게 진정으로 칭찬하는 것을 생활화한다면 주위에 있는 좋은 친구들과 함께 행복한 인생을 살아갈 수 있을 것이다. 행복은 함께 공유하고 느낄 때 더 크게 나에게 다가오니 말이다.

[참고문헌]

마셜 B, 『비폭력의 대화』

문지헌, 『자존감 대화법』

데일 카네기, 『칭찬의 기술』

켄 블랜차드, 『칭찬은 고래도 춤추게 한다』

9장

인상 마케팅
(Marketing)

오 영 연

- ◆ 시니어플래너지도사
- ◆ 액티브시니어지도사
- ◆ 계명대 평생교육원 시니어플래너지도자과정 주임강사
- ◆ 경기대 평생교육원 시니어플래너지도자과정 강사

인상학(Physiognomy)이란?

인상학은 인간의 삶을 관찰하여 과거, 현재, 미래에 대한 운명을 판단하는 일을 과학적으로 연구하는 학문이다.

인상학을 단순히 얼굴만 보고 인간을 판단하는 학문적 방법이라고 단정 지어서는 안 된다. 인상학이란 글자 그대로 사람(人)의 상(相)으로, 비단 얼굴뿐 아니라 인체에 나타나는 모든 상을 말한다. 즉 몸매나 버릇, 이야기하는 모양, 걸음걸이에 이르기까지 그 사람을 둘러싼 모든 것을 포함시켜 판단하는 종합적인 학문이자, 동서양을 불문하고 아주 오랜 전통을 가지고 연구되어 온 과학적인 학문이다. 만약 좁은 뜻의 인상학이라면 사람이 일평생 살아가는 흔적이 나타나는 부위를 얼굴에 한정하여 살피고 판단하는 학문으로 정의할 수 있다.

하지만 넓은 뜻의 인상학은 사람이 평생 살아가는 흔적을 얼굴뿐만 아니라 손, 뼈대, 몸, 마음씨, 말씨, 맵시 등에서 골고루 찾아 살피고자 하는 것으로 모든 인생사나 인간상이 그 사람의 신체나 정신, 행동 전체로 표현된다고 보는 학문이라 할 수 있다. 회사를 경영하는 경영자나 관리자에게는 소속 구성원의 능력에 따라 회사 경영의 성패가 달라지기도 한다. 결혼 상대를 택함에서도 남자는 여자, 여자는 남자의 선택에 따라 평생의 운명이 달라진다. 꼭 회사를 경영하거나 관리하지 않더라도, 우리는 상대방을 잘 알지 못해 피해를 입기도 하고 둘도 없는 좋은 기회를 놓쳐 버리기도 한다. 따라서 사람을 알아보고 판단하는 객관적인 연구가 요구되었고, 인상학 역시 이러한 시대적 요청에 따라 등장하게 되었다.

인상학은 유럽에서는 그리스, 아시아에서는 고대 중국과 인도에서 비롯되었다. 중국에서는 약 4천3백 년 전에 등장하였는데, 주나라 때 공자의 제자였던 지우가 사람의 관상을 보았다는 얘기를 공자의 책에서 찾아볼 수 있다. 인도에서도 아득한 옛날부터 인상학이 전해졌다. 아시다라는 사람이 석가가 탄생했을 때 관상을 보고 '이 왕자님은 태어나면서 32상을 갖추고 있습니다. 장차 위대한 대성제(大聖帝)가 되시어 많은 사람을 구제하실 것입니다'라고 예언했다는데 그 예언대로 석가모니는 불타가 되었다.

근세 유럽의 인상학은 18세기경부터 두개골의 연구가 진행되어 골상학의 스타일을 취하면서 발전하였다. 대뇌의 뒤쪽 윗부분(두정골)이 높은 사람은 사상이 높고, 평평한 사람은 사상은 평평한 생활력이 있다는 식으로 판단하는 방법이다.

마케팅(Marketing)이란?

마케팅은 기업 활동에서 생겨난 것으로 기업이 존속해 나가기 위한 비즈니스 활동을 말한다. 마케팅을 기업이 살아남기 위한 활동으로 한 정하는 이유는 기업은 사회 환경 속에서만 존재할 수 있으므로 끊임없이 사회 환경에 적응해 나가지 않으면 안 되기 때문이다. 그러기 위해서는 사회 환경, 즉 고객의 사고나 가치관을 따르지 않을 수 없다. 기업의 존재 가치는 기업이 고객으로부터 인정받고 기업이 제공하는 제품이나 서비스를 고객이 받아들임으로써 비로소 성립되는 탓이다.

기업은 존속을 위해 고객에게 인정받으려고 애쓰며, 고객의 선택을 받기 위해 그들을 설득하며 그들로부터 만족을 얻으려고 노력한다. 이와 같이 고객을 만족시키기 위한 노력과 고객 만족을 추구하려는 철저한 사고를 기업 활동에 반영시켜 나가려는 노력이 마케팅이다.

| 마케팅믹스 4P란 무엇인가? |

마케팅이란 고객의 욕구에 맞는 제품을 만들고 가격을 붙여서 유통시키고 판매를 촉진하는 일련의 기업 활동을 말한다. 제품을 보다 많이 팔기 위해서는 통상 아래와 같은 4가지 요소를 세우는데, 이 4가지의 영어 머리글자를 따서 '4P'라고 한다.

- 제품전략(Product)
- 가격전략(Price)
- 유통전략(Place)
- 판매촉진전략(Promotion)

제품을 만든다	제품전략(Product) • 소비자 조사 상품기획 제품개발 • 디자인 포장 결정 애프터서비스 결정 등 ⬇
가격을 정한다	가격전략(Price) • 가격 설정 ⬇
판매방법을 정한다	유통전략(Place) • 판매 루트 결정(도매업자를 선택할 것인가) • 어떤 상점, 인터넷 이용, 물류업자 선정 ⬇
선전을 한다	판매촉진전략(Promotion) • 광고기획의 책정 • 광고매체의 선정 • TV 광고를 할 것인가 • 신문 광고를 할 것인가

인상마케팅과 고객 행동

인상마케팅 사고로의 발전

마케팅의 기본적인 발상은 고객의 이익을 생각하고 비즈니스를 실천해 나가는 일이다. 고객에게 한발 더 다가가는 적극적인 관점으로 고객의 마음까지도 읽을 수 있는 고객 지향 마케팅이 이루어져야 치열한 경쟁에서 살아남을 수 있다. 이러한 마케팅 사고의 변천 과정은 인상마케팅의 중요성을 더욱 커지게 하는 원인이 되었다.

생산 지향적 사고

생산 지향적 사고 ➔ 판매 지향적 사고 ➔ 고객 지향적 사고

토털 마케팅 시스템은 통합적 마케팅 고객의 마음까지도 읽어 고객에게 한발 더 다가가는 1:1 마케팅을 뜻한다.

• 고객 만족 3요소는 시설(환경), 상품, 서비스를 말한다. 4요소는 3요소에 사람이 포함된 것을 말한다.

- 상대의 심리를 파고드는 인상마케팅을 활용해 전략적인 사고를 해야
 한다.

얼굴 유형에 따른 차 선택 방법

뾰족한 코를 가진 사람은 이미지를 중시하고 둥근 코를 가진 사람은
배기량을 중시한다. 그리고 네모난 얼굴을 가진 사람은 속력을 중시하
고 역 삼각 얼굴을 가진 사람은 안전성을 우선한다.

연대별 고객 심리의 변화

연대별 고객 심리 변화를 살펴보면 1970년대에는 100인 1색이었으며
1980년대에서는 100인 100색이었고 1990년대에서는 1인 100색이었다.
2000년대에서는 내 마음 나도 몰라었으나, 2018년도인 현재는 사용하
다 마음에 들지 않으면 반납하기도 한다.

| 고객 인상학 기초 |

인상학의 범주와 인상 파악 방법

인상학의 범주는 크게 유행의 상과 무형의 상으로 분류되고 있다. 유형의 상은 사람의 윤기를 관찰하는데 포괄적인 표출 대상으로 얼굴 모습, 손 모습, 뼈 모습을 말한다. 무형의 상은 실체는 보존할 수 없을지라도 그것이 행동으로 나타나며 의식으로 감지할 수 있는 마음씨, 말씨, 맵시 등을 포함한다.

인상의 3요소

- 생김새(꼴의 됨됨이)
- 짜임새(조화와 균형)
- 빛깔(내면의 표출)

- 현대는 좁고 긴 얼굴로 바뀜
- 딱딱하고 질긴 음식 기피
- 턱 근육이 덜 발달함

일반적인 개운(改運) 방법

개운의 이해

인상을 공부하는 목적은 현재 자신의 얼굴을 보고 자신이 살아온 인생을 판단하여 좋은 것은 계속해서 발전시켜 나가고 좋지 않은 것은 고쳐나가는 데 있다.

인생에 있어 성공은 잘 먹고 잘사는 데 있는 것이 아니라 스스로 의미 있는 삶을 결정하고 실천해 나가는 데 있다. 성공하는 인상 역시 자신이 만들어 나가는 것이다.

좋은 첫인상 가이드라인	성공하는 사람의 공통적인 특징
• 자신의 인격을 가다듬는 노력 필요 • 용모를 단정하게 하는 것 중요 • 커뮤니케이션 스킬 연마	• 인상이 좋다

| 심상에 대한 개운(改運) 방법 |

개운(改運)하는 방법

- 메이크업
- 액세서리
- 미용 성형수술
- 마인드컨트롤(심상성형)

아무리 탁월한 재능을 타고났다 하더라도 마음이 바르지 않으면 결코 행복할 수 없다. 인상이 좋아서 성공하는 것이 아니라 목표를 세우고 열심히 살아가다 보면 인상도 함께 좋아진다(과학적인 증명).

심상(心相)에 대한 개운 방법

- 심상 성형이란 무엇인가?
  한마디로 본래의 진정한 자기 발견이요, 자기실현이다. 자기를 실현하지 못하는 이유는 자기의 실체를 발견하지 못하기 때문이다.
- 파스칼이 그의 명상록에서 말했듯이 '나아갈 때 나아갈 줄 알고 물러설 때 물러설 줄 아는 사람'이 바로 지혜 있고 용감한 사람이며, 그것이 바로 인생 성패의 관건이기도 하다.

자기 컨트롤의 원리

• 제이콥슨의 점진 이완법

릴랙세이션은 그 기초를 1928년에 제이콥슨이 제창한 점진 이완법에 두고 있다. 그는 생리학적 입장에서 골격근을 충분히 이완시킴으로써 심장이나 동맥 등을 포함한 자율신경계의 간접적인 컨트롤이 가능하며, 대뇌 피질을 안정시키고 정신적인 안정 상태를 만들 수 있다는 사실에 주목하였다.

• 슐츠의 자율훈련법(메디테이션)

자기 암시에 의한 심리적인 자기 이완법 제창.

• 노시보 효과

'나는 상처를 입을 것이다.' 환자가 아무런 의학적 근거 없이 그 약의 효능을 믿지 않을 때, 실제 약을 주더라도 그 믿음대로 부정적인 효과가 일어나는 현상.

• 플라세보 효과

가짜 약을 환자에게 안심시키기 위해 진짜라고 얘기하며 주었을 때 인체 스스로 치유하는 능력이 있음을 보여주는 현상.

| 근골질의 얼굴 기본형별 마케팅 전략 |

근골질 유형의 외형적 특징

• 근골질 얼굴은 사각형에 가깝고 살이 많이 붙어 있지 않고 광대뼈가

나와 있어 대체로 울퉁불퉁한 편이다. 광대뼈가 튀어나와 눈에 띄며, 턱 아랫부분은 U자로 넓게 퍼져 있다.

- 상체가 보통 역삼각형으로 어깨 폭이 넓고 가슴 부분이 넓게 벌어져 전체적으로 균형 잡힌 남성적 체격을 갖고 있다.

- 인상은 첫 대면 시에는 생기가 있어 힘 있는 인상을 주지만, 대체로 형식이나 격식을 무시하므로 무례한 사람같이 보이며 날카로운 인상을 준다.

- 근골질은 일하는 태도에 있어서는 군인, 경찰관, 소방관, 교도관, 경비원, 무술인, 스포츠맨, 체육 교사 등에 알맞으며, 비즈니스맨으로 책임감이 강하며 유능하다. 근골질을 부하로 두었을 경우에는 명령조의 말보다는 의논하는 형태로 말하면 기꺼이 협력한다.

- 근골질은 상하 관계가 분명한 직업이 적합하다. 군대와 같이 명령 복종 관계가 확실하면 오히려 명령받는 것에 대해 저항감을 품지 않게 된다.

근골질 얼굴의 마케팅 방법

- 근골질 유형은 우회적인 표현을 매우 싫어하므로 거래할 때에는 이야기의 요점만 명료하게 말하는 것이 좋다. 그리고 자기의 사업과 생활 외에는 관심이 없다.

- 특히 직접 거래하는 것을 선호하고 편지나 대리인을 시켜 거래하는 것을 싫어한다. 계획서나 설계도에는 흥미가 없으므로 실제 장소로 안내하여 직접 눈으로 보고 손으로 만져보게 하는 것이 최상이다. 거래 시 토론을 해서는 안 된다.

- 값이 비싸고 호화롭고 현란해야 아름답고 가치 있는 것이라 생각한

다. '실은 값을 깎아 드릴 만한 상품이 아닙니다만 특별히 선생님에게 만…'하는 식으로 말하면 좋다. 희귀하고 호화로운 특제품으로 값이 엄청나게 비싸서 보통 사람으로서는 엄두도 낼 수 없는 상품이라는 것을 강조해야 한다.

근골질의 유명 인물

| 정치가 김구 | 실업가 이병철 | 박정희 전 대통령 | 실업가 정주영 | 예술인 오지호 |

| 심성질의 얼굴 기본형별 마케팅 전략 |

심성질 유형의 외형적 특징

• 심성질은 머리 부위가 전신에 비해 약간 큰 편이며, 신체는 가늘어 얼핏 보기에 가냘픈 인상이며 신경이 예리하고 지혜가 풍부하다.

• 근육이 많지 않은 중간형으로 날씬한 체격이며, 운동을 하여도 근육이 잘 발달하지 않고, 아무리 영양가 있는 음식을 먹어도 살이 찌지 않는다.

• 얼굴 특징으로는 역삼각이거나 계란을 거꾸로 세워 놓은 것 같은 형이다. 얼굴 상부는 넓으나 하부인 턱으로 갈수록 좁아지고, 이마는 비교적 넓어 코에서 턱으로 내려감에 따라 좁아지는 것이 특징이다.

• 심성질은 세일즈에는 적합하지 않다. 사무직이 좋으며 특히 기획, 입

안, 조정 등의 직업에 적합하다. 다만, 외근하며 영업하는 일은 체력이 뒷받침되지 않아 감당해 내지 못한다. 자료실 같은 곳에 조용히 앉아 서류상의 작업을 하는 일이 적합하다.

- 심성질은 공무원으로 근무하거나 대기업의 사무직, 학자, 연구자 등 영업과 관련 없이 자신의 업무에 전념할 수 있는 직업이 좋다. 그 외 예술적인 분야나 공예 방면의 직업도 적합하다.

심성질의 얼굴 기본형별 마케팅 방법

- 고전·역사적인 것을 좋아하고 물질보다 정신적인 것을 좋아한다. 두뇌가 우수하고 재능이 있다.
- 착실하고 실내 정리를 잘한다. 온순하며, 쓸쓸한 느낌을 준다. 연구적이고, 예지적이며, 꾀가 많다.
- 친구가 적으며 귀족적으로 온화한 사람끼리 사귄다.
- 깔끔하며, 순서와 질서를 중시한다.

심성질 유형에 대한 세일즈 전략

- 상품 내용의 충실함과 성능의 우수성에 포인트를 맞춰야 한다.
- 일반적인 평판이 좋다든가 유명인인 아무개도 샀다든가 유명한 탤런트 누가 그 광고에 나왔다 등의 말은 금물이다.
- 내용을 제쳐 놓고 이미지를 팔려고 하면 절대 신용하지 않는다.
- 낯가림이 심하고 신중한 성격이다. 성실한 태도를 보여야 한다.
- 상품에 결점, 단점을 숨기지 말고 솔직하게 설명하는 것이 좋다.

- 말을 잘하는 사람보다는 입이 무겁고 표현은 서툴어도 순수하고 성실한 세일즈맨을 믿는다.
- 마음의 문을 쉽게 열지 않는 대신 일단 상대방을 신용하고 마음의 문을 열면 일생동안 그 관계를 지속하는 경향이 있다.
- 연구심이 강해 품질과 값의 비교 등을 잘 설명하면 효과가 있다.

심성질의 유명 예술인

조용필　　　　　마릴린 먼로　　　　　엘리자베스 테일러

| 영양질의 얼굴 기본형별 마케팅 전략 |

영양질 유형의 외형적 특징

- 영양질의 사람은 온몸에 살이 많이 붙어 있어 뚱뚱하다. 심성질과는 정반대 체격이다. 근골질은 살이 딱딱하지만 영양질은 매우 부드럽다. 가슴과 어깨보다 몸통 둘레 부분에 살이 많고 배가 앞으로 나와 있으며 비교적 허리가 굵고 둥글둥글하다. 이런 타입은 많이 먹지 않아도 살이 찌는 경향이 있다.

- 얼굴의 형, 눈, 턱, 귀가 둥근 편이 많고 항상 소탈하고 따뜻하며 쾌활한 인상을 준다.
- 손에 살이 많은 편이어서 거북 등처럼 두툼하며 턱은 이중 턱처럼 살이 많다.
- 향락을 좋아하기 때문에 폭음, 폭식에 주의할 필요가 있다. 대체로 소화기 계통이 튼튼하지만 혈관이나 심장병은 조심해야 한다. 일시적으로 큰 힘을 내지만 빨리 스태미나가 꺼지는 체질이라고 할 수 있다.

영양질 유형에 대한 세일즈 전략

- 성격이 낙천적이며 한없이 칭찬해 주면 정신없이 물건을 산다.
- 상대의 입장이 되어 동정이나 융화로써 서서히 측면 공격을 하여야 한다.
- 성능의 우수함이나 디자인의 기발함을 설명하기에 앞서 인기 있는 상품이라는 것을 '아무개도 이 상품을 구했다'하는 식으로 아는 사람의 이름을 들먹인다면 90% 구입한다.

영양질의 유명 예술인

소피아 로렌　　덩샤오핑　　최불암　　강부자

얼굴 측면 및 부위별 마케팅 전략

인상은 얼굴의 정면 외에도 여러 방면의 각도에서 보아야 한다. 정면에서 본 얼굴형에 측면에서 본 얼굴형을 덧붙여서 더욱 정확한 판단의 기준으로 삼는다. 측면에서 본 얼굴형은 양성형, 직선형, 음성형이 있다.

양성형   직선형   음성형

얼굴 측면의 형

양성형

- 얼굴의 코 부분이 튀어나온 얼굴이 양성형이다. 앞으로 눕혀서 얼굴에 물을 부으면 금방 흘러내려 고여 있는 곳이 없다. 보기에는 상쾌한 인상을 준다.

- 실행력은 있으나 쉽게 달아오르는 것이 쉽게 식듯이 마무리를 깨끗하게 매듭짓지 못한다.
- 괴롭거나 슬픈 일 등은 쉽게 잊어버리며 명랑하고 단순하며 정직한 성격이다.
- 무슨 일이든 얼굴에 금방 반응을 나타내지만 오래 끌지 않고 금방 식는다.

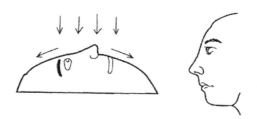

양성형의 얼굴에 물을 부으면 바로 흘러내림

직선형

- 얼굴이 평평하여 플러스, 마이너스가 평균적으로 분포한다. 앞으로 눕혀서 얼굴에 물을 부으면 물이 일부는 흘러내리고 일부는 코의 상하에 약간 고이는 정도의 형이다.
- 성격은 모나지 않고 기울지 않는 정상적이고 상식적인 형이다.
- 사물에 대한 분별력이 있고 알찬 사고 능력을 가지고 있다.

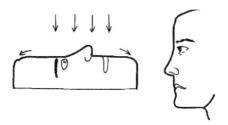

직선형의 얼굴에 물을 부으면 일부는 흘러내리고 일부는 조금 고임

음성형

- 이마와 턱이 앞으로 튀어나오고 중앙부가 움푹 들어간 초승달 모양의 형태다.
- 앞으로 눕혀서 얼굴에 물을 부으면 중앙부에 물이 고인다.
- 성격은 음울하고 내향적이고 소극적이다.
- 머리는 좋고 이론적인 면이 가끔 나타나지만 입은 무거운 편이다.
- 자기에게 도움을 준 것과 모욕이나 배신감은 끈질기게 가슴에 묻어두는 형이다.

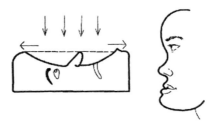

음성형의 얼굴에 물을 부으면 물이 고이고 별로 흘러내리지 않음

| 얼굴 부위의 인상별 마케팅 전략 |

코

- 코는 재물과 불가분의 관계에 있다. 코끝은 금전에 대한 공격력을 나타낸다.
- 콧대가 높은 사람은 활동적, 적극적, 진취적이다. 콧대가 힘이 있고 높은 사람은 재산이나 물질을 획득하려는 강한 힘이 있다.

- 콧방울에는 자기 손에 들어온 돈이나 재물을 내놓지 않으려는 방어력이 나타난다.
- 콧방울이 탄력 있고 힘 있게 덮인 사람은 인내심이 강하고 끈기와 극기심을 갖추고 있는 사람으로 큰 부자가 될 수 있다.
- 코의 표준 길이는 얼굴 크기의 1/3이다.

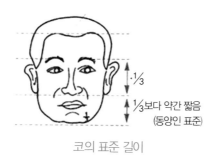

코의 표준 길이

- 한국인의 평균적인 코의 길이는 50mm이다.

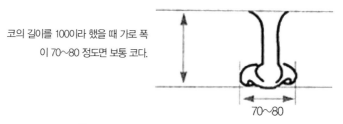

코의 길이를 1000I라 했을 때 가로 폭이 70~80 정도면 보통 코다.

한국인의 평균적인 코의 길이 50mm

입

- 입은 하정의 대표적인 부분으로 주로 애정을 나타내는 곳이다.
- 윗입술은 적극성과 부성을 나타내며 타인을 향한 애정의 표시가 나타나는 곳으로 두터울수록 애정이 깊으며, 얇은 사람은 박정하고 이기적인 편이다.

- 아랫입술은 자기 본위의 애정을 나타내며 소극성과 모성을 나타낸다.

- 입의 모양은 의지력을 나타내 생존력과 의지력을 동시에 보여준다.

- 입의 길이는 눈 길이의 1.5배가 표준이다.

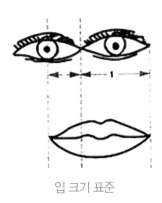

입 크기 표준

이

- 이는 먹는 것과 관계가 있으므로 건강을 판단할 수 있다.

- 치열이 고른 사람은 다른 부분에 다소 결점이 있어도 남에게 좋은 인상을 주며 운도 좋다.

- 이는 모두 32개이다.

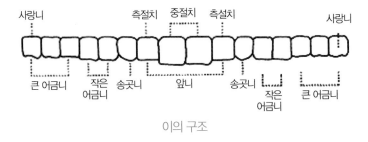

이의 구조

| 법령과 식록, 인중 |

법령

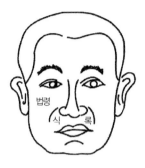

- 법령이란 콧방울의 위에서 아래턱으로 걸쳐 생겨 있는 얼굴의 선으로 중정에서 하정으로 뻗어 있다.
  끝이 넓어질수록 상상(上相)이며, 선이 입으로 가까워질수록 운이 작아진다.
- 법령은 콧방울의 바로 위에서 시작하여 입술의 중심선보다 약간 아래쪽에서 끝나는 것이 보통이다.

- 끝이 윗입술의 상단에서 아랫입술의 하단까지 사이에서 끝나는 것이 표준이다.
- 법령은 그 사람의 직업의식, 프로의식 같은 자립성을 나타낸다.
- 법령은 운세적으로는 부하 운, 가정운, 직업운, 주거운을 가리키며 병상(病相)으로는 다리, 허리의 강함을 본다.

식록

- 식록이란 윗니를 덮는 부분을 가리킨다. 식록의 왼쪽 부분을 식창(食倉), 오른쪽 부분을 녹창(祿倉)이라 한다.
- 식록은 수입의 유무를 나타내는 곳으로 일명 '노적궁'이라고도 한다.
- 식록이 큰가 작은가는 법령이 넓게 뻗어 있는가 좁게 뻗어 있는가에 따라서 결정된다.

인중

- 인중은 생활에 대한 집착력과 인내심을 나타낸다.
- 인중의 길이가 길고 두터운 사람은 모든 일에 책임감이 강하고 여유가 있으며, 연구심이 깊고 생활력이 강하므로 자연 풍요로운 생활을 하게 된다.

마음먹기에 따라 표정이 변하고 인상도 만들어진다.

마음 경영, 몸 경영으로 스스로의 운명을 밝게 가꾸어 보자.

[참고문헌]

이종관, 『인상마케팅』

10장

일상의 즐거움, 꽃 & 꽃 차 테라피

윤 영 석

◆ 연세대, 이화여대, 동국대 평생교육원

◆ 시니어플래너지도사과정 강사

◆ 액티브시니어지도사 / 시니어플래너지도사

◆ 시낭독낭송지도사

◆ 플로리스트 / 꽃차 소믈리에

꽃을 만나다

나의 어린 시절을 회상해보면, 가장 먼저 떠오르는 것은 외할아버지 댁에 화려하게 피어 있던 꽃들이 가득한 예쁜 정원이다. 봄이면 목련, 개나리, 벚꽃, 여름이면 장미, 해바라기, 가을이면 국화 등 사계절 아름다운 형형색색의 꽃들이 나를 반겨주었다.

내가 플로리스트로 활동하는 것도 어쩌면 외할아버지와 어머니의 덕분인지 모르겠다. 자연스럽게 꽃을 보고 꽃을 사랑하는 법을 배우며 세월을 보냈던 것 같다. 어머니는 집에 들여온 화분이 시들해도 금방 싱싱하게 살려낼 정도로 사랑을 듬뿍 담아 기르시는 분이었다. 그래서 꽃들이 늘 예쁘게 잘 자라났다. 외할아버지는 그 시절 고려대학교를 나와 공무원으로 계셨고, 꽃과 글을 사랑하셔서 글쓰기를 좋아하셨다.

얼마 전 「지나가는 것은 아름답다」라는 시집을 발간했는데, 그때 외할아버지께 보여드렸다면 얼마나 좋아하셨을까?라는 생각이 들었다. 내가 플로리스트로서 40여 년 정도 활동해 왔는데 지금은 성전 꽃꽂이로 마음을 다해 재능기부를 하면서 가끔 강의도 하며 지낸다.

10년 전 홍천에 세컨드하우스를 만들었다. 작은 텃밭이 있던 집을 사서

개조해 남편과 함께 손수 정원을 만들었다.

칸나, 한련화 등을 심었고, 야생화
인 금낭화는 언제 꽃씨가 날아왔는지
스스로 정원 한 편에 예쁘게 피었다.

장독대 사이에 나리도 피었다. 주말
마다 홍천에 내려가 힐링을 하고 오면
스트레스도 사라지고 너무 행복하다.

여뀌꽃

금낭화

「지나가는 것은 아름답다」라는
시집은 이 홍천에서 느낀 부분을
자연스럽게 산문시로 쓰다 보니 발
전해 시집까지 내게 된 경우이다.

손수 키운 옥수수와 무화과,
그리고 들에 핀 여뀌꽃을 한 다
발 따서 테이블을 예쁘게 세팅해
놓고 지인들과 브런치를 즐길 때
면 호텔의 고급 레스토랑이 부럽
지 않다.

| 생활 속에서 꽃의 활용 |

집 안에 꽃을 꽂아두면 한결 분위기가 좋아진다. 장소마다 분위기에 맞는 꽃을 꽂아보는 것도 좋다. 식탁 위에는 식욕을 좋게 할 수 있는 수국을 꽂아두면 한결 분위기가 좋아진다. 꽃이 풍성하고 향기가 강하지 않아 식사할 때 좋다. 침실에는 장미를 꽂아 무드를 만들면 부부간 금실이 좋아질 수 있다. 특히 요즘은 욕실의 기능도 중요해졌다. 반신욕을 하며 아네모네, 리시안셔스꽃을 감상한다면 피로회복에 좋을 것이다.

침실에 어울리는 꽃 – 장미

욕실에 어울리는 꽃 – 아네모네, 리시안셔스

10장 일상의 즐거움, 꽃 & 꽃 차 테라피

특히, 라벤더 향은 기분을 좋게 하므로 향테라피를 경험해보는 것도 좋겠다. 라벤더는 뿌리를 제외한 온몸에서 향이 나는 오일을 생산할 수 있는데, 라벤더의 독특한 향은 자신을 보호하기 위한 것이다.

만약 생일이나 축하할 일이 생긴 특별한 날, 소중한 분들에게 꽃다발을 직접 만들어 드린다면 더욱 감동이 커질 것이다.

요즘은 유러피안 스타일로 보라색 꽃도 많이 사용되고 있다. 꽃다발에서 중요한 것은 포장지 색은 꽃 색깔을 받쳐주는 보조 색으로 포장해야 꽃이 산다는 것이다.

꽃다발과 꽃바구니 만들기

러넌큘러스와 장미, 설유화   유칼리와 장미

　선물용이나 장식용으로 꽃바구니를 만들어보자. 장미와 러넌큘러스, 설유화로 어우러지게 파스텔톤으로 연출하면 은은하고 화사한 꽃바구니를 만들 수 있다. 그리고 유칼리 한 단과 장미 10송이 정도로 아담한 꽃바구니를 만들면 향도 좋고 누구나 간단하게 꽃바구니를 만들 수 있다.

웨딩 플라워

웨딩 플라워 포토존

예식장 웨딩 플라워

4월~5월 결혼 시즌이 되면 무척 바빠진다. 웨딩 플라워는 수국, 장미, 금어초와 설유화를 활용하는데 화사하고 황홀한 분위기가 연출된다. 아이보리, 연핑크, 노랑색을 쓰면 더욱 화사함을 느낀다.

요즘은 사진을 멋지게 찍기 위해 포토존을 꽃으로 꾸며 놓는다. 의미 있는 결혼식을 추억으로 예쁘게 담을 수 있다. 새롭게 출발하는 신랑, 신부를 축복하는 마음으로 꽃을 꽂다 보면 힘든지도 모르고 시간이 지나간다. 완성된 꽃들을 보면 흐뭇해지고 나도 더불어 행복해지는 시간이다.

꽃 차 테라피

 요즘은 행복 테라피에 관심이 높아졌다. 나는 운동할 때, 친구와 대화할 때, 여행할 때도 행복하지만 꽃 차를 마실 때 무척 행복하다.

 차를 마시면 피로가 풀어지고 마음의 안정 효과도 느껴진다. 특히, 색이 고운 꽃 차는 보는 즐거움도 크다. 꽃 차에는 폴리페놀, 미네랄, 비타민, 플라보노이드, 피토케미컬 성분이 들어 있어 노화를 방지하는 항산화제, 항암작용을 한다. 플라보노이드는 혈관 벽에 프라그가 형성되는 것을 방지하고, HDL 콜레스테롤 수준을 증가시켜 심장병을 예방한다.

 하지만 꽃 중에서도 먹을 수 있는 꽃과 먹지 않는 꽃이 있다.

먹을 수 있는 꽃은 국화, 동백, 아카시아, 재스민, 매화, 한련화, 진달래, 팬지, 제라늄, 살구, 호박, 복숭아, 베고니아, 장미, 금어초 등이 있고 못 먹는 꽃에는 삿갓나물, 동의나물, 은방울꽃, 철쭉, 디지털리스, 애기똥풀 등이 있다.

꽃은 꽃 차뿐만 아니라, 꽃 비빔밥, 화전, 샐러드, 꽃 튀김, 꽃 쌈, 꽃 전병, 꽃 생채 등에 다양하게 활용할 수 있다. 꽃 비빔밥

에는 팬지, 제라늄, 한련화가 사용되고 꽃 튀김에는 아카시아 꽃이 활용된다. 음료로는 꽃 와인, 꽃 잼, 꽃 식혜, 꽃 효소 등으로 활용해 먹을 수 있다. 특히 장미 와인은 포도 와인 못지않은 맛에 기품이 있다.

꽃 차의 효능을 몇 가지 살펴보자.

팬지 꽃 차의 효능을 보면 안토시아닌 성분을 함유하고 있어 항산화성, 항종양성, 노화방지 역할을 하고 심장병, 암 등 성인병을 예방하는 데 효과가 있다.

팬지 꽃 차를 만드는 방법

① 예열: 덖음 솥에 40도로 예열한다.
② 초벌: 한지를 깔고 팬지 꽃을 올려놓는다.
　　　　식힘을 하면서 온도를 올려가며 덖음을 한다.
　　　　80~90% 건조가 되면 꺼내어 식힘을 한다.
　　　　꽃 속에 머금고 있는 수분이 나오면 꽃잎이 눅눅해진다.
※주의: 초벌온도가 완벽해야 꽃잎이 쪼그라들거나 말려들지 않는다.
③ 재벌은 100도 이상의 온도에서 덖어야 한다.
④ 잠재우기 단계에서는 완전히 건조되었는지 뚜껑을 덮어 확인한다.

금어초 차는 붉은 금어초와 노랑 금어초를 많이 사용하고 항염효과가 있다. 특히 물에 꽃 차를 넣으면 금붕어가 헤엄치는 모양으로 신비하다.

진달래꽃 차는 부드러운 단맛을 가지고 있으며, 기관지 질환에 효과가 있고 월경불순, 숙취 해소, 관절염에 좋다. 특히, 화전, 화채, 차, 진달래주 등에 사용된다.

진달래 화전

진달래 화채

장미꽃 차의 효능은 우울증에 도움이 되고 혈압과 해열, 피를 맑게 하고, 심장 질환에 좋으며 신경 안정에 좋다. 특히, 에스트로겐이 석류의 8배, 비타민A는 토마토의 20배, 비타민C는 레몬의 20배로 피부 미용에 도움이 되기 때문에 시니어 분들에게 더욱 권하고 싶다.

아까시나무꽃 차의 효능은 신장의 열을 내려주어 신장의 기능을 좋게 하고 부종에 좋다. 항염증 효과가 있고 천식이나 기관지염 완화, 지혈, 자궁출혈에 도움이 된다. 오랜 항생제 사용으로 내성이 생긴 염증에도 효과가 있다.

와인 소믈리에는 많이 들어봤을 텐데, 요즘 뜨는 직종 중에 하나가 꽃 차 소믈리에이다. 꽃 차 소믈리에는 식용 가능한 꽃의 특성과 제다법, 블랜딩 등을 익히고 꽃 차의 색, 향, 맛을 분별하고 연구 개발 및 교육을 수행하는 꽃 차 전문가이다.

나는 현재 플로리스트이면서 꽃차 소믈리에로 활동한다.

동국대 평생교육원에서 강의하는 모습

홍천에 있는 세컨드하우스에서 예쁜 정원을 만들고 꽃을 키우는 한편, 청정지역에서 깨끗하게 키운 꽃으로 꽃 차를 만드니 꽃 차의 효능이 더욱 커지는 것 같다.

소·확·행

소박하지만 확실한 행복을 느낄 것이다!

요즘 사회활동을 하다 보면 원래 내 나이보다는 젊게 보는 경우가 많은데, 꽃을 자주 보고 꽃 차를 매일 마신 덕분인 것 같다.

요즘 한두 가지의 취미생활은 가지고 있는 분들이 많다. 모두에게 마음의 힐링과 테라피 효과가 큰 꽃 키우기와 꽃 차 활용을 권하고 싶다.

꽃과 함께 생활하고 꽃 테라피를 강의하는 것이 나의 행복이다. 앞으로도 내가 느끼는 이 일상의 행복감을 다양한 분들과 나누고 싶다.

11장

1%의 영감이
인생을 변화시킨다

이 미 선

- ◆ 이화여대 평생교육원 시니어플래너지도사과정 강사
- ◆ 시니어플래너지도사
- ◆ 독서지도사
- ◆ 청소년 심리상담사
- ◆ 국제마인드교육원 전문강사
- ◆ DMS 인성교육원 교육이사

깊이 사고할 때 얻어지는 지혜, 1%의 영감이 인생을 변화시킨다!

구석기시대와 신석기시대가 가고 청동기시대가 온 것은 돌(石)이 다했기 때문이 아니다. 1%의 영감을 사용한 사람들의 앞선 사고의 결과로 청동이 만들어졌기 때문이다. 얼핏 보면 세상을 바꾸는 것은 기술 같지만 실제로는 인간의 깊은 사고력이 세상을 변화시키며 삶을 풍요롭게 하고 행복하게 하는 것임을 알 수 있다. 기술은 사람을 편리하게 할 수 있지만 기술만으로는 사람의 마음을 얻기 어렵다. 한 번 더 생각하는 지혜가 필요하다.

가족 간에 행복하게 지내고 싶은 것은 모든 사람의 바람이다. 그러나 기술이나 방법이 새엄마와 아들의 마음을 이어주는 것은 아니다. 우리의 미래는 1%의 영감으로 행복해질 수 있다. 삶 속에 어려움과 고통이 가까이 있다면 더 1%의 영감을 이용한 깊은 사고를 통해 그 안에 있는 반짝반짝 빛나는 진주를 발견하게 될 것이다.

사고하는 사람은 사고하지 않는 사람들이 볼 수 없는 곳, 갈 수 없는 곳을 간다. 어려움의 웅덩이를 만나더라도 새로운 길을 찾아낸다. 나는 새엄마지만 1%의 영감을 통해 새엄마라는 굴레에서 벗어나 행복한 엄마의 삶을 살게 되었다. 누구든지 에디슨이 말한 1%의 영감을 사용한다면 이해할 수 없는 어떤 일을 만나더라도 지혜를 얻어 행복하게 살수 있으리라 믿는다.

| 시간에 쫓기는 현대인들, 사고가 필요하다! |

나를 비롯하여 현대를 사는 많은 사람들은 너무 바쁘게 살아간다. 늘 시간에 쫓기듯 한 번에 여러 가지 일을 하는 것이 습관이 되었다. 지하철 에스컬레이터에선 빈 왼쪽으로 걸어 이동하고, 환승을 빨리하기 위해 지하철 칸 안에서 가까운 문으로 이동하는 건 기본이다. 횡단보도에서는 빨리 건너가기 위해 자동차용 신호등을 바라보며 신호가 바뀌기를 기다렸다가 바뀌기 무섭게 제일 먼저 건너간다. 집안일을 할 때도 한 가지 일만 하지 않는다. 시간이 오래 걸리는 빨래를 돌리면서 육수 냄비를 올리고 전기밥솥에 밥을 한다. 청소를 시작하면서 강연을 듣기 위해 귀에 이어폰을 꽂는 것은 특별한 사람의 이야기는 아닐 것이다. 우리는 이렇게 일상에서 정말 강박적으로 시간을 단축하려 하며 살아간다. 문제는 이런 삶을 살면서도 어떻게 해야 지금보다 더 나은 삶을 살게 되는 것인지조차 모른 채 바쁘게만 살고 있다는 것이다. 하지만 우리는 반대로 오히려 스스로에게 시간을 낭비하지 않고 산다고 칭찬하며 때로는 위안하기도 한다. 물론 장점이 없지 않다. 바쁘게 빨리하면 뭔가를 할 수 있는 시간을 추가로 벌기 때문에 생산성 면에서는 이득이다.

그러나 좋은 점만 있는 것은 아니다. 의도한 대로 잘되지 않으면 스트레스를 받고 긴장상태가 유지돼 조그만 자극에도 민감하게 반응할 때가 많다. 이런 나를 보고 누군가는 바람이 가득 들어간 풍선 같다는 말을 하는데 사실 여러 가지 일을 하루에 처리해야 할 때는 조금만 건드려도 '탕' 하고 줄이 끊어질 것 같아 주변의 자극에 예민하게 반응하기도 한다. 어떤 때는 가벼운 농담에도 신경질적으로 반응하고, 실제로 일이 계획대로 잘 진행되지 않을 때는 화가 난다. 이런 문제는 왜 일어날까? 문제를 해결하려면 무엇이 필요할까? 이런 것들을 생각하다 보니 '내가 왜 사는지, 무엇을 위해 사는지'라는 삶의 근본에 대해 알기 위해서는 깊은 사고를 통한 지혜가 필요하다는 것을 알게 되었다.

사고를 방해하는 것들

우리는 어떻게 사고력을 높일 수 있을까? 아니, 역으로 '왜 우리의 사고력은 점점 약해지는 것일까?'를 이야기하는 편이 더 쉬울 것이다.

「당신을 공유하시겠습니까」라는 책에서는 시대가 멀티태스킹을 원하는 관계로 우리 뇌를 멀티태스킹에 맞도록 더욱 민첩하게 만들어 가고 있는데 이는 깊이 있게 생각하고 창조적으로 사고하는 능력을 사실상 저해하고 있다고 말한다. 컴퓨터를 비롯한 기술의 발전은 사람들을 어느 시대보다 막강한 존재로 만들어 놓았다.

하지만 「우리는 왜 실수를 하는가」의 저자 조지프 핼리넌은 사람은 걸으면서 껌을 씹을 정도의, 무의식적으로 할 수 있는 일 말고는 동시에 여러 업무를 처리할 수 없다고 말한다.

그런데 우리는 지금 한 가지 업무에만 집중할 수 없는 디지털 사회에 살고 있다. 이 디지털 환경, 특히 스마트폰은 기본적으로 사용자들의 멀티태스킹을 자극하는 기술로 가득 차 있다. 우리는 자주 인터넷 검색이나 뉴스 보기를 하다가 애초에 찾으려던 콘텐츠를 잊어버리고 끝없이 이어진 하이퍼링크를 따라 전혀 낯선 페이지를 돌아다닐 때도 있다. 또 다양한 애플리케이션을 설치해 사용하는 스마트폰의 시스템은 수시로 울려대는 각종 알림과 소셜미디어 푸시 서비스로 우리가 한 가지 업무에 집중하지 못하게 한다. 그러니까 기본적으로 스마트폰은 우리를 멀티태스킹에 빠지게 하는 기기인 셈이다. 이러한 멀티태스킹 효과를 주제로 실험한 결과를 보면 멀티태스킹을 많이 하는 집단은 그렇지 않은 집단에 비해 주의력이 산만하고 사고한 것들에서 중요한 정보를 식별해내는 능력이 크게 떨어졌다.

스탠퍼드대 클리퍼드 나스 교수는 멀티태스킹에는 장점이 더 많을 것이라고 예상하고 101명을 대상으로 실험을 했다. 그런데 놀랍게도 전혀 반대의 결과가 나왔다.

미국의 국립신경질환뇌졸중연구소(NIND)의 조던 그래프먼(Jordan Grafman) 소장은 "온라인에서 끊임없이 주의력을 분산시키는 것은 우리 뇌를 멀티태스킹에 맞도록 더욱 민첩하게는 만들었지만, 이는 깊이 있게 생각하고 창조적으로 사고하는 능력을 사실상 저해하고 있다. 멀티태스킹을 많이 할수록 덜 신중해지고 덜 생각하게 되며 덜 판단하게 된다"라고 주장했다.

실제 수업시간에, 노트북을 사용한 학생과 컴퓨터를 쓰지 못하게 한 학생들을 나누어 수업 내용과 관련해 시험을 친 결과, 놀랍게도 인터넷을 사용한 그룹이 훨씬 낮은 점수를 기록했다. 이러한 실험 결과를 통해서 우리는 화면 미디어 사용은 수많은 정보를 인지하는 공간 인지능력을 개선시켰지만, 추상적 어휘, 반성, 연역적인 문제 해결, 비판적 사고, 상상력 같은 고도의 인지 구조를 약하게 만들었다는 결론을 얻었다. 다시 말하면 인간의 사고가 점점 더 얄팍해지고 있다는 것이다.

그런데 이것 외에도 실제 우리 삶 속에서 사고하는 일을 막는 직접적인 것이 있다. 그것은 바로 고정관념을 포함한 내가 옳다는 생각이다. 자기가 옳다고 생각하는 사람은 다른 사람의 말을 듣지 않는다. 깊이 생각하지 않고 자기 말만 한다. 내가 신혼 초에 싸운 이유도 바로 그 '옳음' 때문이었다. 보통 신혼부부들이 "우리 집에서는 이렇게 하지 않아, 내가 살아온 방식이 네 것보다 더 나아. 그러니까 너는 내 말을 들어야 해!"라고 자기 것이 옳다고 주장할 때, 싸움이 번지는 것이다.

그러나 시간이 지나면 부부는 그것이 생활 방식과 가치관의 차이라는 것을 알게 된다. 그래서 내 것이 맞고 네 것이 더 틀린 것이 아님을 알게 되면서 싸움은 줄어든다. 나만 옳다는 생각은 폭넓은 사고를 가로막아

충돌과 고립을 가져오고 시야를 좁게 한다. 그렇다면 사고력은 어떻게 해야 높일 수 있을까?

실패를 통해 얻는 사고력

내가 나이가 들어 영어 공부를 다시 시작하면서 들었던 말이 있다.

바로 '도전'이란 단어인데 영어 선생님은 도전의 의미를 '전쟁을 하다! 전쟁을 한다는 것은 목숨을 건다는 것과 같다'라고 했다. 영어 공부를 할 때 그런 마음으로 하면 성공할 것이라는 의미로 한 말일 것이다. 너무 마음에 와 닿아 몇 년이 지난 지금도 기억한다. 그러면서 자연스럽게 도전이란 단어를 좋아하게 되었다.

그동안은 실패할 것을 두려워하여 도전하지 못했는데 그 이후 신기하게도 실패라는 단어도 두려워하지 않게 되었다. 사람들은 모두 성공을 좋아하지만, 성공으로 가기 위해서는 반드시 만나는 것이 실패다. 더 자세히 말하면, 실패를 통해 깊은 사고를 하게 되는데, 그때 실패는 성공으로 가는 징검다리가 된다. 실패의 징검다리를 건너다보면 성공의 길목이 보인다는 것을 아는 사람은 계속 도전을 한다. 이때 도전이 짝꿍인 열정을 불러 힘을 주는 것이다.

인성전문 강사 데뷔를 할 때였다. 강사가 되기 위해서는 강의 원고를 쓰는 것도 중요하지만 무대에 서서 자기가 준비한 강연을 제대로 하는 것도 중요하다. 그때, 가장 필요한 것은 경험이다. 무대에 많이 서 본 사람일수록 강의를 더 편하고 매끄럽게 잘할 수 있다. 나는 처음 강연을 시작할 때, 콘테스트를 준비했는데 정말 수없이 반복해서 외우고 또 외웠다. 그런데도 연습무대에 서기만 하면 머리가 하얘지면서 내용을 잊거나 중간을 빼 먹기 일쑤였다. 무대만 올라가면 왜 그렇게 떨리는지….

어느 날, 「시련은 있어도 실패는 없다」라는 책을 읽다가 실패를 두려워한다면 나는 앞으로 강의를 할 수 없겠다는 마음이 들었다. 그래서 실패를 많이 하기로 했다. 무대에 올라가 수없이 실패했다. 발음이 꼬이고, 내용을 잊어버리는 것은 기본이고, 전달해야 할 중요한 부분에 강약 조절도 쉽지 않았다. 하지만 수없이 많은 실패를 하다 보니 나는 어느 순간 내 머릿속에 강의 내용이 사진처럼 찍혀졌다는 것을 알았다. 결선대회에 나가 순서를 기다리는 동안 눈을 감고 순서대로 그려보고 되뇌어 본 후 무대에 섰다. 발표가 끝나고 내려왔을 때, 내가 연습하는 장면을 처음부터 보신 한 분이 "이미선 씨, 오늘 신이 내린 것 같더라!"라는 말씀을 했다.

나는 경험을 통해 실패하면 사고를 하게 되고, 사고하면 점점 성장하게 된다는 것을 깨달았다. 그래서 실수나 실패를 많이 해야 성공도 가까워진다는 새로운 가치관을 정립하게 되었다. 그 후 나는 실패를 하기 위해 무대에 섰다. 나에게는 없었지만 앞선 분들에게 받은 마음으로 기회만 되면 무대에 뛰어 올라갔다. 무대에서 할 말을 잊어버린 적도 있고 실수를 한 적도 있다. 하지만 시간이 지날수록 도전은 즐거운 것이라는 인식이 심어지기 시작했다. 그 덕분에 나이와 상관없이 지금 대학원에

도전했고, 조금 부담스럽기도 했지만 즐겁게 수업을 들으며 논문을 쓰고 있다.

실패는 사람을 더 깊이 생각하게 한다. 그래서 다른 사람에게 있는 것을 받아들여 지혜롭게 하고 삶에 여유를 준다. 학부모가 처음 되어 본 엄마들은 큰 아이를 키우면서 시행착오를 겪은 덕분에 둘째 아이를 키울 때는 여유를 가진다. 크든 작든 실패는 우리를 사고하게 하고 그 사고력을 통해 우리는 다른 사람이 볼 수 없는 새로운 세상을 볼 기회를 얻는다. 부딪친 수많은 실패와 역경을 이겨내 특별한 사고력을 가진 사람하면 생각나는 사람이 있다. 끊임없이 도전하여 인류의 삶을 밝게 바꾼 사람, 바로 토머스 에디슨이다.

에디슨을 발명왕으로 만든 1%의 영감

토머스 에디슨은 '천재는 1%의 영감과 99%의 노력으로 이루어진다'라는 말을 했다. 이 말은 누구든지 들어본 적이 있을 것이다.

여러분은 이 말을 들으면 무엇이 더 중요하다고 생각하는가? 나는 마인드 인성강사로 초·중·고·대학생들뿐만 아니라 학부모에게도 강의를 한다. 강의할 때마다 "여러분은 1%의 영감과 99%의 노력 중 무엇이 더 중요하다고 생각하십니까?"라는 질문을 하면 사람들은 똑같은 대답을 한다. 심지어는 남아프리카에 있는 모잠비크의 서울 대학 격인 에뚜아르도 몬둘라니 대학생들도, 케냐의 국제고등학교 학생들도 그리고 동유럽의 핀란드 포인트 대학 학생들에서 리투아니아 고등학생까지도 똑같은 대답을 했다.

여러분이 생각하는 것처럼 모두 하나같이 "'99%의 노력'이 더 중요하다!"라는 답을 하는 것이다. 그렇다. 나도 에디슨의 자서전을 읽기 전까지는 그렇게 생각했었다. 그런데 에디슨은 이 말을 우리가 생각하는 것과는 전혀 다른 의미로 했다. 에디슨의 자서전을 보면 이렇게 적혀 있다.

"'1%의 영감이 없으면 99%의 노력은 소용이 없다'고 말한 거였소.
그런데 신문에는 1%의 영감에 대한 중요성이 아니라
99%의 노력에 중점을 두고,
나를 노력하는 사람으로 미화하여 진실을 잘못 전한 것이오.
정말이지 못 말리는 착각이지요."

어느 날 기자가 에디슨을 찾아와서 질문했을 때, 에디슨은 '1%의 영감이 없으면 99%의 노력도 무의미하다'라는 뜻으로 이 말을 했다. 그런데 기자는 신문에 99%의 노력을 강조하며 에디슨을 끊임없이 노력하는 사람으로 만들었다. 에디슨은 그 기사를 읽으면서 어이없어했다. 이때 에디슨이 말한 1%의 영감은 바로 '깊이 사고할 때 얻어지는 지혜'를 말한다.

누구나 아는 것처럼 에디슨은 정말 많은 특허를 낸 발명가로 유명하다. 아는 바로는 1만 3천여 건이 넘는다고 한다. 그중에 1%의 영감이 얼마나 중요한 것인지를 알 수 있을 정도로 에디슨에게 정말 많은 실패를 안겨준 발견이 있다. 그것은 바로 전구의 필라멘트를 찾는 일이었는데 무려 2천여 번이 넘게 실패했다. 그가 1,500번 정도 실패를 거듭했을 때 제자가 찾아와 물었다고 한다. "스승님. 어떻게 1,500번이나 실패를 하고도 멈추지 않고 계속 도전할 수 있었습니까?" 그때 에디슨은, "우리는 실패한 것이 아니라네. 다만 1,500가지의 전구 필라멘트가 안되는 것이 무엇인지를 발견한 것뿐이라네"라고 답했다.

에디슨의 이런 마인드는 어디서 왔을까? 그 자신이 말한 대로 바로 그 1%의 영감에서 왔다고 할 수 있을 것이다. 그 1%의 영감이 축음기를 만들어 날아가 버리는 소리를 잡아두었고, 영화를 볼 수 있는 영사기 등 수많은 것을 발명하게 했다. 에디슨의 1% 영감이 인류의 삶을 편리하게 바꾸어 놓은 것이다.

더 큰 것을 위해 자기를 버린 박지성의 사고력

독일의 막스 플랑크에서 15년간 1,000명을 대상으로 '어떤 사람이 지혜로운 사람인가?'를 연구한 적이 있다.

연구소는 오랜 연구를 통해 지혜로운 사람들이 갖는 몇 가지 공통점을 밝혀냈다. 지혜로운 사람들은 대부분 역경을 극복했거나 고난을 체험한 경험이 있다. 가난한 환경에서 자란 사람들이나 일찍 인생의 어두운 단면을 체험한 사람들은 평탄한 삶을 살아온 사람보다 훨씬 지혜로웠다. 또한 개방적이고 창조적인 사람들이 나이가 들수록 점점 지혜의 빛을 발휘했다. 연구소는 인생의 문제를 깊이 생각하는 사람들이 지혜를 얻는다고 발표했다. 그러나 고집이 세고 괴팍한 사람들은 나이가 들수록 지혜와 신용을 잃는다고 경고하였다.

어려서부터 크고 작은 어려움과 역경을 이겨낸 지혜로운 사람하면 떠오르는 사람, 우리가 잘 아는 축구선수 박지성이다. 나만 그렇게 생각하는 건 아닐 것이다. 역경 하면 박지성, 박지성 하면 역경이 떠오를 정도로 박지성은 여러 번 역경을 지혜롭게 잘 이겨냈다.

그는 본인이 쓴 「더 큰 나를 위해 나를 버리다」라는 책의 첫머리에 이렇게 적고 있다.

"시련에 익숙해진 줄 알았습니다.
지독하다 못해 얄밉던 네덜란드 홈팬의 야유도 견뎌냈습니다.
세 차례 무릎 수술도 꿋꿋이 이겨내고…
하지만 그것은 자만이었습니다."

그는 이렇게 고백하면서 자기에게 큰 형벌이었던 한 사건을 이야기한다.

2008년 5월 모스크바 챔피언스 리그 결승전이 있던 날 아침의 일이다. 맨체스터 유나이티드팀에서 뛰고 있을 때, 퍼거슨 감독이 박지성을 불러 챔피언스 리그 결승전 출전 멤버 명단에서 그가 빠졌다고 이야기했다. 박지성은 이해할 수 없었다. 자신이 8강전과 준결승전까지 네 경기를 쉬지 않고 뛰었고, 그것도 우수한 플레이를 하여 골 어시스트도 했기 때문에 당연히 결승전에 출전할 것이라고 생각하고 있었기 때문이다. 거기다 박지성은 아시아인 최초로 최고의 무대에 서는 자기를 지켜보기 위해 밤을 지새울 고국의 팬들이 떠올라 가슴이 너무나 아프고 힘들었다고 한다. 사실 나도 축구를 좋아하는 남편 덕분에 그날 새벽까지 박지성이 나오기를 기다렸던 기억이 난다.

그 시절, 나는 남편 덕분에 유명한 축구선수들의 이름을 많이 알고 있었다. 코트디부아르 출신의 디디에 드로그바, 포르투갈 선수 호나우두는 스페인의 레알 마드리드에서 뛰고 있었고, 살아있는 전설 축구계의 메시아라고 불리는 아르헨티나 출신의 메시는 바르셀로나에서 뛰고 있었다. 다들 아는 사실이겠지만 내가 스포츠에 젬병이라 잠시 좀 아는 척을 해 보았다. 어쨌든 박지성은 챔피언스 리그 결승전이 있던 날, 출전을 못 했을 뿐만 아니라 벤치에도 못 앉고 관중석에서 양복을 입고 경기를 관람해야 했다.

그날, 박지성과 함께 실력이 있음에도 결승전 명단에서 빠진 선수가 있었다. 그는 바로 스페인 선수, 제라드 피케였다. 그런데 이후, 똑같은 사건을 해결한 두 사람의 방법은 완전히 달랐다. 제라드 피케는 그날부터 엿새 후, 메시가 뛰고 있는 바르셀로나팀으로 이적했다. 그는 자기를 무시한 팀을 떠나 주전으로 뛸 수 있는 새 팀을 찾아 떠났다.

이때, 박지성도 많은 고민을 했다고 한다. 맨유에 있어야 할지, 이적해야 할지… 막다른 길에 부딪힌 것이다. 그렇다. 박지성은 그때, 1%의 영감, 즉 깊은 사고를 해야만 했다. 고심 끝에 그는 두 가지를 결심했다고 한다.

"다치지 말자! 그리고 아시아인은 아직 안 된다는 편견을 깨고, 당당히 붉은 유니폼을 입고 결승전에 출전하자!"

어떻게 되었을까? 다음 해 2009년, 박지성은 부상 없이 40경기를 뛰고 네 골을 뽑았다. 그리고 붉은 유니폼을 입고 챔피언스 리그 결승전에 당당히 출전했고 트로피도 받았다. 그 전해에는 후보 명단에도 아예 없었기 때문에 그 팀이 다 받은 트로피도 받지 못했었는데 말이다.

말도 안 되는 차별대우를 받았지만 박지성은 깊은 사고력으로 어려움을 지혜롭게 이겨냈다. 이후 박지성은 더 크게 도약했다. 2014년 말에 차별대우 받았던 맨유에서 아시아인으로는 처음으로 맨체스터 유나이티드의 앰배서더(홍보대사)로 임명되었다.

맨유 앰배서더는 전 세계를 돌며 맨유를 알리는 홍보대사 역할을 수행한다. 실제로 맨유의 앰배서더를 임명받은 선수들 명단을 보면, 보비 찰턴, 데니스 로, 브라이언 롭슨, 게리 네빌, 앤디 콜, 페테르 슈마이헬 등 6명의 맨유 출신 레전드 선수들이 있고, 박지성은 7번째로 선정되는 영예를 누렸다. 비유럽권 선수이자 아시아 선수로 맨유의 앰배서더가 된 것은 박지성이 최초다. 그리고 박지성은 네덜란드 아인트호벤에서도 레전드급 대우를 받았다. 그전에는 자신들 편인 박지성이 운동장에 나오면 '우~'하고 야유를 던지던 아인트호벤 홈팬들이었다. 4만 명에 가까운 관중들에 '우~'하고 야유를 받던 시절 박지성은 축구 경기장에 나가는 것과 공이 자기에게 오는 것이 두려웠다고 한다. 그러나 그는 특유의 깊은 사고력으로 이겨냈다. 박지성은 어려움이 왔을 때 남들이 갖지 못한 깊은 사고력과 인내심을 발휘하는 능력을 가지고 있는 사람이었다.

이때도 박지성은 '나는 아직 내가 보여줄 수 있는 것을 다 보여주지 못했다'며 PSV 아인트호벤 팀을 떠나지 않았다. 점점 그의 활약이 좋아지자 네덜란드 홈팬들은 야유 대신 '위숑빠레'라는 박지성을 위한 노래를 만들어 부르기 시작했다.

우리가 박지성과 같은 위치에 있었다면 어떻게 행동했을까? 단순한 이야기이지만 나는 나를 알아주는 팀을 찾아 떠난 뒤, 그쪽 방향으로는 고개도 돌리지 않았을 것 같다. 이것이 박지성과 범인의 차이점 아니겠는가? 이런 박지성에게 또다시 어려움이 온다면 어떻게 할까? 피할까? 아닐 것이다. 사고하고 도전하고 또 부딪쳐 이겨낼 것이다.

왜냐하면 그는 1%의 영감을 이용하여 어려움은 두려운 존재가 아니며, 진심을 다해 끝까지 부딪쳐 나가면 반드시 해답이 있다는 것을 알아낸 깊은 사고력을 지녔기 때문이다. 사고하는 사람은 위기를 만났을 때 피하지 않고 극복함으로 결국 그 빛을 발하게 된다.

사람을 얻고 나라를 구한 사고력

'불비불명(不飛不鳴)'이란 고사로 회자되는 장왕은 실제로 '절영지연(絕纓之宴)'이란 고사로도 유명한 왕이다.

중국의 초나라 장왕이 투월초의 난을 평정한 뒤 공을 세운 신하들을 위로하기 위해 성대한 연회를 베풀었다. 이때 총희로 하여금 옆에서 시

중을 들도록 했다. 밤이 늦도록 주연을 즐기고 있는데 문득 큰바람이 불어 촛불이 모두 꺼져버렸다. 갑자기 총희의 비명이 들렸다. 누군가 자기를 희롱했다는 것이다. 총희가 그자의 갓끈을 잡아 뜯고는 장왕에게 호소했다. "대왕, 속히 촛불을 켜 갓끈이 없는 자를 잡아주십시오!"

이 말을 들은 장왕은 "아직 불을 밝히지 마라. 오늘 과인은 경들과 더불어 즐거운 마음으로 크게 취하고자 한다. 그 거추장스러운 관모 끈부터 모두 뜯어버려라"라고 분부한다. 자신의 후궁을 희롱한 죄를 묻기는커녕 오히려 덮어준 것이다. 잔치가 끝난 후 총희가 이유를 묻자 장왕은 이렇게 말했다. "오늘은 모두가 취하도록 마셨다. 사람이 취하면 누구나 실수하게 마련이다. 만약 기어코 범인을 찾아내어 처벌했다면 어떠했겠느냐? 신하들의 흥은 깨어졌을 테고 잔치를 연 의미가 사라졌을 것이다." 이로부터 3년 후, 초나라가 진나라와 치열하게 전투를 벌이는 과정에서 장왕이 죽을 위기에 처했다. 이때 당교라는 장수가 나타나 장왕을 구하고 진나라 군대를 격퇴하는 큰 공을 세운다. 장왕이 칭찬하며 상을 내리려 하자 당교는 이렇게 말했다.

"신은 진작에 죽은 목숨이나 마찬가지입니다. 대왕께서는 3년 전의 일을 기억하십니까? 그때 연회에서 관모에게 끈을 뜯긴 사람이 바로 저였습니다. 대왕의 은혜로 죽지 않고 살아났으니 소신 목숨을 바쳐 그 은혜에 보답하고자 했을 뿐입니다."

장왕이 총희의 말을 듣고 그 자리에서 불을 켰다면 어떻게 되었을까? 범인을 잡아서 벌을 줄 수는 있었을 것이다. 그러나 사람을 얻을 수는 없었다. 그뿐만 아니라 3년 후 왕은 죽었을 수도 있다. 한 번 더 생각했던 장왕의 깊은 사고는 장왕의 목숨만 살린 것이 아니라 풍전등화 앞에 놓인 나라도 구하게 했다.

| 무에서 유를 창출하는 사고력 |

수상가옥 마을 판히티 사람들이 축구 챔피언이 되다

태국의 판히티섬 사람들은 축구 보는 것을 좋아했다. 그러나 아무도 실제로 해본 적은 없었다. 그들은 물 위에 떠 있는 작은 집에 살고 있어서 넓은 장소를 찾는 일이 불가능했다. 그들이 할 수 있는 운동은 단지 보트 경주뿐이었다. 이야깃거리라고는 각자가 잡은 생선의 크기뿐이었다. 어느 날, 축구를 보던 소년이 우리도 축구팀을 만들자는 제안을 했다. 마을 사람들은 그 계획을 듣고는 말도 안 된다고 말했다.

"우리는 축구팀을 만들 거예요! 세계 챔피언이 될 거예요!"
"주변을 둘러봐라! 너희가 어디 사는지 보라고!"

그들은 어른들이 하는 말이 맞다는 걸 알았다. 그들에겐 경기할 곳은커녕 연습할 곳도 없었다. 축구팀은 만들었는데 경기장이 없었다. 이

건 진짜 큰 문제였는데, 왜냐하면 그들이 사는 곳엔 정말 축구를 할 만한 공간이 없었기 때문이다. 아이들은 자신들만의 경기장을 만들어야 한다는 결론에 이르렀고, 마을 전체에 있는 낡은 나무들과 낡은 뗏목들을 모아 엄청난 노력 끝에 불안정하고 평평하지도 않은 튀어나온 못투성이의 나무판 경기장을 갖게 되었다. 축구를 할 때면 공은 자주 물에 빠졌고 아이들도 빠졌다. 그들은 젖고 미끄러운 바닥에서 경기하는 법을 익혀야만 했다. 하지만 경기장이 젖고 작았던 덕분에 그들의 발놀림은 정말 빨랐다. 그러나 동네 어른들은 늘 그렇게 해서는 안 된다고 말했다. 그러던 어느 날 아침, 본토에서 일일 토너먼트 경기 초대장이 왔다.

"팡하 컵에 우리 출전하는 거야?"
"글쎄…."

아이들은 자신들이 그 경기에 참가할 수 있을 정도의 실력을 가졌는지, 잘할 수 있을지 확신이 없었다. 어쨌든 참여하기로 결심하고 출전하러 가는 날, 동네의 어른들이 모두 함께 돈을 모아 축구복과 새 축구용품을 준비해 주었다. 몇 분은 응원하러 경기장에까지 따라와 주었다. 토너먼트에 도착했을 때 그들은 모두 얼어버렸다. 그러나 경기를 시작하고 보니 자신들이 생각보다 잘한다는 걸 알았다. 그들의 실력은 나무 경기장에서 멋지게 발전했던 것이다. 게다 큰 골대는 작은 골대보다 훨씬 골 넣기가 쉬웠다. 그들은 준결승까지 올라갔다.

11장 1%의 영감이 인생을 변화시킨다

준결승 날은 비가 엄청나게 왔고 상대 팀은 너무 잘했다. 축구화는 물로 가득 차 그들을 엄청 느리게 만들었다. 상대 팀은 전반에 두 골을 넣었고 자신감이 떨어진 아이들은 어떻게 판세를 바꿔야 할지 알 수 없었다. 최악의 전반 이후 그들은 머리를 모아 생각했다. 그리고 그들은 젖은 축구화를 벗었다. 맨발로 공을 차기로 했다. 몸은 완전히 가벼워졌고, 더 빠르게 움직일 수 있었다. 두 골을 넣어 동점을 만들었지만, 마지막에 한 골을 내주어 상대 팀이 이기고 말았다. 실망스럽기는 했지만 준결승전까지 왔다는 결실이 너무 기뻤다. 온 동네 사람들도 자랑스러워했다.

그 이후 수상가옥 마을엔 새 경기장이 지어졌고 축구는 이 마을의 최고 인기종목이 되었다. 그렇게 시작한 축구팀은 태국 남부 최고의 축구팀 중 하나인 Panyee FC가 되었다. 그들에게 축구는 전혀 불가능한 운동이었다. 운동장 자체를 만들 공간이 전혀 없는 상태에서 그들의 깊은 사고는 지혜를 모았다. 그 결과 부족해 보이지만 축구장을 만들어 연습할 수 있었다. 대회출전 중에 다시 어려움에 부딪혔을 땐, 포기할 수 있었지만 다시 머리를 맞대고 생각하면서 본인들의 장점을 찾아서 지혜롭게 대처했다. 그 결과 그들은 무엇과도 바꿀 수 없는 값진 점수를 얻었을 뿐만 아니라 자신감도 함께 얻었다. 그 일이 계기가 되어 축구의 불모지인 판히티 섬에 프로 축구단이 만들어졌다. 수상가옥 섬나라에서 축구프로팀이 되기까지 최악의 상황에서 최고의 결과를 얻어낸 판히FC. 사고하지 않는 사람에게는 천지가 변해도 일어날 수 없는 일이다. 사고력은 그냥 길러지지 않는다. 판히 FC의 사례처럼 어려움과 부족함,

내 삶에서 없었으면 하는 역경이야말로 사고력을 기를 수 있는 최고의 조건인 것이다. 그때 사고가 새로운 세계를 만들어 내는 것을 볼 수 있다.

어려움을 극복할 지혜를 주는 사고력

아버지와 아들이 사막을 건너가고 있었다. 아버지는 그 사막을 여러 번 여행한 경험이 있었지만, 모래바람이 불어 지형이 바뀌는 바람에 길을 잃고 말았다.

"얘야, 우리는 아무래도 길을 잃은 것 같아."
"아버지, 그게 무슨 말씀이세요?"
"길을 잃은 것 같아."
"길을 잃었다고요? 그럼 우린 어떻게 되죠?"
"괜찮아."
"어떻게 길을 찾을 건데요?"

아버지와 아들은 길을 찾아 한참을 걸었다. 시간이 흐르고, 그동안 물도 양식도 떨어졌다. 힘이 빠지고 아들은 절망에 빠졌다.

"아버지, 왜 길을 잃었어요? 이제 우리는 죽을 거예요."
아버지는 아들과 마음이 달랐다.
"우리가 왜 죽니? 나는 이 사막을 여러 번 다녔어. 사막에는 모래바람이 불어서 전에 없었던 언덕이 생겨나 길이 자주 바뀌어. 그래서 길을 잃을 때가 있지. 전에 내가 길을 잃었을 때 어떻게 한 줄 아니? 동쪽을 향해 걸으면 돼. 오늘 아침에 해 뜨는 것 보았지? 우리는 동쪽으로 걸어가고 있어. 내가 느끼기에 사막 끝에 거의 온 것 같아."

"아버지, 저는 아버지가 거짓말하는 것을 알아요. 어제도 이렇게 말씀하셨잖아요. 끝이 어디 있어요? 저는 한 발자국도 못 걷겠어요. 목이 너무 말라요. 죽을 거예요. 아버지, 우리가 죽으면 누가 엄마한테 우리 죽음을 이야기해 주죠? 엄마는 어떻게 살죠? 왜 길을 잃었어요? 우리는 죽을 거예요."

두 사람이 똑같이 사막에서 길을 잃었지만 아버지의 마음에는 희망이 있는데 아들의 마음에는 절망만 가득했다. 그래서 똑같은 길을 걷지만 아버지와 달리 아들은 한없이 고통스러웠다. 아버지는 아들을 설득해 그 손을 잡고 다시 걷기 시작했다. 얼마쯤 걸었을 때 아들이 "아버지, 저기를 봐요"라고 말했다. 아버지가 아들이 가리키는 곳을 보니, 무덤이 있고 그 앞에 나무로 만든 십자가가 꽂혀 있었다. 아들이 무덤 앞에 이르러 털썩 주저앉으며 말했다.

"아버지, 이제 우리는 끝이에요. 이 무덤을 보세요. 틀림없이 이 사람도 우리처럼 길을 잃고 헤매다가 목이 말라서 죽었을 거예요. 우리도 이렇게 죽을 거예요. 아버지, 왜 길을 잃었어요? 우리가 죽으면 엄마하고 동생들은 어떻게 해요, 아버지?"

아버지가 말했다.

"아들아, 우리는 이제 살았어!"
"뭐라고요? 살았다고요? 이 상황에서 어떻게 그런 말씀을 하세요?"
"네 말대로 이 무덤 안에 있는 사람은 길을 잃고 목이 말라서 죽었겠지. 그런데 자기가 무덤을 파고 들어갔겠니? 누군가 묻어준 사람이 있고, 나무를 구해서 십자가를 만들어 준 사람이 있었어. 동행하는 사람이 있었다 해도 그들도 죽을 만큼 힘들었기에 이렇게 해주지는 못했을 거야. 누군가 건강한 사람이 만들어 준 거야. 그것은 마을이 가깝다는 거야. 그 마을 사람들이 무덤을 만들어 준 거지. 우리가 사막 끝에 와 있다는 증거야."

아버지의 이야기를 듣고 아들이 기뻐하며 말했다.

"아버지 말이 맞아요! 빨리 마을로 가요."

두 사람은 잠시 후 마을을 만나서 물도 마음껏 마시고 음식도 배불리 먹고 여행을 즐겁게 마쳤다고 한다. 똑같은 길을 걸어도 사고력을 가진 아버지와 그렇지 않은 아들이 보는 것은 전혀 다르다. 사고하지 않으면 마음에 힘이 없어서 인생에서 어떤 문제를 만날 때 제대로 대응하지 못한다. 사고력을 길러야 삶에서 만나는 여러 문제를 지혜롭고 힘 있게 해결해 나갈 수 있다.

| 1%의 영감으로 행복을 얻은 새엄마 |

세상에 역경 없는 인생은 없듯이 나에게도 어려움은 있었다. 삶은, 살아 본 모든 이들이 알고 있는 것처럼 능력이 있다고 모든 것을 다 할 수 있는 것도 아니고, 계획한 대로 전부 되는 것도 아니다. 하고 싶다고 다 할 수 있는 것도 아니고, 하기 싫다고 안 하고 살 수 있는 것도 아니다.

나는 결혼을 하지 않으려고 생각한 사람이었다. 거기다 한술 더 떠서 '마흔까지만 살아보자. 그래도 별것 없으면 그만 살자'라고 생각했던 어이없는 여자다. 학원을 하며 내가 쓸 만큼의 돈을 벌었지만 마흔에 생을 마감하려 했던 계획은 지금의 남편을 만나면서 새로운 생활로 시작되었다.

남편은 초등생 아들 둘에 어머니와 함께 살고 있었기에 말 그대로 최악의 조건이었다. 이 말만 들어도 가슴이 갑갑해지는 사람이 있을 것이다. 왜냐하면 나도 이런 조건에 결혼하는 사람을 보면 어이없고 대책 없는 사람이라고 생각했던 사람이기 때문이다. 그런데 살면서 처음으로 신기한 일이 일어났다. 성경을 읽다가 '내가 그를 위하여 돕는 배필을 지으리라 하시니라'라는 말씀이 마음에 들어온 후 그 최악의 조건이 내 결혼의 최적 조건이라는 마음으로 바뀌었다. 그 후, 온 집안의 반대를 무릅쓰고 선 본지 한 달 만에 결혼하게 되었다. 모르는 사람들은 '그 남자의 외모나 조건이 좋았겠지'라고 하겠지만 앞서 말했듯이 남편을 만나기 전에 이미 내 마음은 정해진 상태였다. 선을 보기 전 내 머릿속의 남편은 짤막한 키에 배가 볼록 나온 대머리 아저씨였다. 그런데 실제로 만났는데 키 184에 머리카락도 제대로 있었다. 그래서 마음이 더 열린 것도 사실이다.

어쨌든 그렇게 나는 내 의지와 상관없이 「콩쥐 팥쥐」에 나오는 그 유명한 새엄마로 살게 되었다. 결혼 생활이 시작되면서 운영하던 학원을 정리하고 전업주부로 살기 시작했다. 태어나서 처음 다섯 식구를 위해 아침 밥상을 차렸고, 아이들 준비물과 학교 일정에 맞춰 생활했고, 아이들을 위해 학부모 모임 임원도 맡았다. 그동안 해보지 않았던 일들이라 무엇 하나 쉬운 일이 없었다. 거기다 시어머님이나 남편의 성품이 내가 살아오면서 만났던 사람들과 너무나 달라서 더 적응하기 어려웠다. 이런저런 어려움도 있었지만 아이들이 자라는 것을 보면 행복했다. 어느 날 작은아들이 이야기했다.

"엄마, 백 점 맞는 애들은 괴물 같아. 어떻게 백 점을 다 맞지?"

나는 아이의 말을 들으면서 백 점 받고 싶은 마음, 백 점 맞는 아이들을 부러워하는 마음을 보았다. 그 날부터 5학년인 아들과 목적 있는 공부를 시작했다. 몇 주 후 어느 날, 큰 소리를 치며 들어오는 아이는 손에 100점짜리 시험지를 들고 있었다.

"엄마 나 백 점 맞았어!"
"아이쿠, 잘했네. 우리 아들도 이제 백 점 맞는 괴물이네!"

　우리는 그날 맛있는 것을 먹으며 행복했다. 나는 어릴 적 행복했던 때를 기억하며 아이를 행복하게 해 주고 싶었다. 그래서 비가 오면 우산을 들고 학교 앞에서 기다렸고, 시험기간에 늦게 수업이 끝나는 날은 아이가 좋아하는 것을 들고 학원 앞에서 기다렸다. 아들은 정말 좋아했다. 나도 함께 행복했다. 그러던 어느 날 사건이 터졌다. 휴대폰을 사달라고 해서 좀 더 크면 사 주겠다고 했는데 아들이 계속 졸랐다. "졸라도 안 되는 건 안 돼!"라고 단호히 말하자, 많은 사람 앞에서 소리를 지르고 폭언을 하였다. 혹시 이런 일을 당해 본 적이 있는 사람이 있을까? 당혹감과 수치심을 어찌할 수가 없었다. 쥐구멍이라도 있으면 당장 숨고 싶었다.

　그런데 그 일보다 더 충격적인 일이 일어났다. 집에 돌아와 너무 속상해서 남편에게 일렀다. 아이의 잘못을 혼내 주고 다음에 그런 일이 없기를 바라는 마음에서였다. 나는 남편이 아이에게 "이놈의 자식, 어디 엄마한테 그런 버릇없는 짓을 해! 당장 잘못했다고 빌어!"라든지, "여보, 당신이 많이 놀랐겠네. 애가 아직 어려서 뭘 몰라서 그러니 당신이 이해 좀 하구려"라고 말할 줄 알았다. 그런데 내 귀를 의심할 상식 밖의 소리가 들렸다. 차마 글로 표현하기 어려운 말이다. 아이들에게 미안한 마음이 컸던 남편은 아이의 편을 들면서 나를 책망하며 모든 잘못을 내게 전가했다. 정말 어이가 없고 말문이 막혀서 아무 말도 할 수 없었다.

상상을 초월하는 말을 들으면 나는 벙어리가 되어버린다. 마음속으로 생각했다. '아니, 이게 무슨 말이야? 이런 말을 하는 사람은 어떤 가치관을 가지고 사는 거지? 말도 안 돼!' 그 순간 나는 정말 집을 나가고 싶었고 나가야만 할 것 같았다. 그런데 이런 생각이 들었다. 나도 엄마니까. '내가 집을 나간다면 우리 아이들은 어떻게 될까? 여자에 대한 불신이 자리 잡겠구나. 친모에게도 상처를 받은 아이들인데 나까지 집을 나간다면 우리 아이들은 마음 깊이 여자는 믿을 수 없는 존재라고 생각하게 될지도 몰라. 그래, 그건 안 되지.' 내가 할 수 없는 사고를 하고 있었다.

어쨌든 새엄마도 엄마는 엄마다. 아이들 생각이 가장 먼저 났다. 그리고 '그래, 내가 집을 나간다면 이런 어려움은 피하겠지만 그 후에 다른 어려움은 없을까? 내가 지금 집을 나가더라도 다시 돌아올 수밖엔 없을 텐데… 그때 나는 부끄러운 엄마가 되겠구나'라는 생각이 들었다. 에디슨의 1%의 영감이 떠올랐다. 박지성이 만났던 그 위치, 도망가고 싶고 피하고 싶은 막다른 위치에 서니 사고하지 않을 수 없었다. 마음이 아팠지만 1%의 영감을 사용하여 아이와 대화를 시작했다.

"아들, 나는 좋은 엄마 안될 거야. 좋은 엄마 안되고 너희가 훌륭한 어른으로 자라길 바랄 거야. 너희가 원하는 거 다 들어주는 좋은 엄마 되고, 아들 인생 망치는 그런 엄마는 안될 거야. 생각해봐. 우리가 만나고 싶어서 만났니? 너도 운이 없어서 새엄마를 만난 것이고 나도 마찬가지야. 그러니까 우린 서로 노력해야만 행복하게 살 수 있어."

나는 그날, 좋은 엄마가 되기를 포기하면서 아들과 마음이 맞았다. 그때로부터 13여 년이 흘렀다. 이제 아이들은 어엿한 청년이 되었고 자기 일을 찾아가고 있다. 지금도 가끔은 부딪치기도 하고 크고 작은 문제도 일어난다. 하지만 마음이 문제에 빠지지는 않는다. 그날 이후로 나는 새엄마라는 굴레에서 벗어나 그냥 엄마로 살게 된 것이다. 내가 무작정 잘해 준다고 해서 아이들에게 좋은 엄마로 각인되는 게 아닌 것도 알게 되었다. 내가 할 수 있는 것으로 마음을 다하면 된다. 내 마음속에서 엄마로 아이들을 사랑하는데 거리낌이 없으면 된다는 말이다.

이런 사고를 하기 전에는 니는 무조건 어른인 엄마가 잘해야 한다는 강박에 매여 아이들을 잘 챙기지 못하거나 형편상 못 해 줄 경우가 있으면 나를 자학하거나 정죄할 때가 많았다. 세상에 완벽한 인간은 없는데 나는 완벽한 엄마가 되려 했던 것이다.

나는 새엄마로 살면서 많은 어려움을 만났었다. 밤마다 울면서 잠이 든 적도 많다. 그러나 생각해보면 누군가가 나에게 고난을 준 것이 아니라 내 생각이 어리고 내 마음이 약해서 누군가는 툭툭 털고 일어날 수 있는 문제에 수없이 넘어지고 깨졌던 것이다. 이제 나는 그 자리에 옹이가 생겼다. 어려움이 나를 사고하게 하면서 단단하게 변했다.

깊은 사고는 그 사람을 어려움에서 벗어나게 해줄 뿐만 아니라 더 큰 세계를 만나게 한다. 살면서 우리는 크든 작든 문제와 어려움을 만난다. 그런데 똑같은 문제를 만나도 어떤 사람은 그 문제 앞에 절망하고 또 어떤 사람은 새로운 기회로 삼는다.

이것이 바로 사고하지 않는 사람과 1%의 영감, 즉 깊은 사고를 하는 사람의 차이라고 말할 수 있을 것이다.

기술의 발달과 사고력을 기르는 방법

사람을 다른 동물과 구분 짓는 가장 큰 특징은 생각하는 존재라는 것이다. 기술의 발달은 기록 저장, 커뮤니케이션, 연산 기능을 넘어 우리가 덜 생각하고 덜 기억하고도 더 강력하고 유능하게 살아갈 수 있는 힘을 주는 것처럼 보인다. 그러나 앞에서 말한 것처럼 기술의 발전은 사람들의 생각하는 힘을 앗아갔다. 인간은 스스로 생각하고 또 상상할 때, 더 많은 일에 깊이 개입할 때, 기억력이 향상되었고 사고력은 깊어졌다. 기술의 발전은 오히려 인간의 사고를 떨어뜨린다. 이것이 기술을 사고력과 연결해서 사용해야 하는 이유다.

사람은 누구든지 생각하는 힘을 기르면 주위 사람들보다 앞설 수 있다. 처음에는 조금 앞서는 것 같지만 조금 지나면 많이 앞서고, 더 지나면 아주 많이 앞서 가는 사람이 된다. 이 시대를 사는 우리는 알아야 한다. 간편하고 쉬운 것이 우리를 행복하게 하는 것이 아니라 조금 귀찮아 보여도 사고할 수 있도록 일부러라도 아날로그적인 일을 할 필요가 있다는 것을. 우리가 건강을 위해 힘든 운동을 해서 근육을 만들 듯이 사고력을 키우기 위해서는 딱딱해 보이는 책도 읽어야 한다. 또 이해하기 어려운 책도 읽어야 하며, 나와 다른 의견을 가진 책도 읽어야 한다. 그리고 무엇보다 삶 속에서 어려운 일을 만날 때 피하지 말고 묻고 배우며 그 일을 끝까지 부딪쳐 해결해 나가는 삶의 방식이 중요하다.

얼마 전 손현숙 시인의 「공갈빵」이 라는 시를 읽었다. 그 시를 읽으며 '시 속에 엄마는 얼마 나 지혜로운 분이신  가?' 생각했다. 엄마의 깊은 사고력이 깨질 위기에 있는 가정을 지켰고 시인에게 아버지를 잃지 않게 했다. 그뿐만 아니라 엄마가 평생 끼니를 챙기며 아버지와 친구같이 함께 사는 모습을 보면서 시인이 얼마나 감사하는지가 눈에 보였다. 어머니의 지혜와 사랑을 역설적으로 '우리 엄마 등신 같았어'라는 말로 강조한 것이리라. 시인의 엄마처럼 삶을 살다가 뜻밖의 일을 만날 때면 정말 중요한 것이 무엇인지 깊이 사고해 보는 것은 중요하다.

어려움을 만난다는 것은 부담스럽지만 한편으론, 진정 가치 있는 보물을 만날 수 있는 기회이다. 이제 우리는 1%의 영감을 이용하여 한 번 더 생각해보자. 박지성이 했던 것처럼, 그리고 장왕이나 사막에서 길을 잃은 아버지가 했던 것처럼. 깊은 사고는 1차적으로 보이는 문제점들을 지나 2, 3차적인 사고로 연결하여 보이지 않았던 새로운 세계를 볼 수 있게 한다. 이제 컴퓨터 정보화 시대를 지나 인공 로봇 시대가 다가왔다. 인간의 역할을 로봇이 대신하는 시대, 사람과 소통이 어려워 로봇으로 위로받고 사는 시대가 되었다.

스티브 위즈니악은 2015년에 '향후 30년 이내에 인공지능이 인간의 모든 측면을 앞지를 것'이라며 인공지능이 인간에게 치명적 위험으로 다가올 것이라고 경고했다. 테슬라의 창업자인 엘론 머스크는 '인공지능 연구는 악마를 불러오는 것과 다름없다'고 말하기도 했다. 이제 인간이 인간과 더불어 행복한 삶을 살기 위해서는 우리는 더 지혜로운 판단을 해야 한다. 더 나아가 미래에는 생각하는 기계를 만든다고도 하는데, 이렇게 되면 생각 없는 인간을 생각하는 기계가 무시하는 날이 올지도 모른다. 그 시기가 오지 않도록 우리는 인간의 특권인 사고력을, 1%의 영감을 사용하는 일을 멈추지 않아야 할 것이다.

[참고 문헌]

박옥수, 「나를 끌고 가는 너는 누구냐

구본권, 「당신을 공유하시겠습니까?」

구본권, 「로봇 시대, 인간의 일」

박지성, 「나를 버리다 (더 큰 나를 위해)」

진 아데어, 「위대한 발명과 에디슨」

김광식, 「사고하는 힘 책 읽기가 답이다」

12장

시니어와 함께하는 긍정적인 그림책의 힘

이 혜 란

- ◆ 액티브시니어 지도사
- ◆ 사회복지사
- ◆ 양성평등 강사
- ◆ 총신대 유아교육학과 석사
- ◆ 현)동국대 평생교육원 시니어플래너지도사과정 강사
- ◆ 현)국공립 어린이집원장

시니어와 함께하는 긍정적인 그림책의 힘

시니어와 함께하는 긍정적인 그림책의 힘을 주제로 글을 시작하면서 먼저 나는 이 내용이 대한민국 사회가 고령화되어 가는 시점에서, 시니어들에게 어떻게 하면 밝은 웃음을 선사할 수 있을까에 주안점을 두고 시작되었음을 이야기하고 싶다.

아래의 그림표는 UN이 재정립한 평생연령기준이다. 시니어 분들은 과

연 어디에 해당할까? 아래 그림표가 제시한 것 같이 우리의 몸과 마음은 우리가 생각한 것보다도 훨씬 패기 있고, 젊다. 무엇이든 자신이 결심한다면 아직 시작하고 도전할 수 있는 나이다.

아래는 다음 뉴스에서, 복지부에서 노인의 삶을 실태 조사한 내용을 기사화한 것이다. 헤드라인이 "60대는 아직 팔팔해… 70은 넘어야 노인

이지…"인 것부터 맘에 와 닿아 인용하게 되었다.

- 4명 중 1명 '나 홀로 생활'
- "늙으면 자녀와 함께 산다" 옛말
- 10명 중 9명 '연명 치료 거부'
- 지하철 무임승차는 찬성

우리나라 노인 10명 중 9명꼴로 노인의 연령기준을 '70세 이상'으로 생각하는 것으로 나타났다. 노인의 연령기준은 법마다 다르지만 일반적으로 '만 65세 이상'으로 통용되는 것과는 차이가 있다. 수명이 늘어나면서 80세 이상 고령 노인 비중이 크게 늘어나고 있는 가운데 노후를 홀로 보내는 '독거노인' 역시 증가해 전체 노인의 4분의 1에 달했다. 노년기에 자녀와 동거하는 것이 바람직하다고 생각하는 노인은 10명 중 2명이 채 되지 않는 것으로 나타났다.

보건복지부는 24일 이런 내용을 담은 '2017년 노인실태조사' 결과를 발표했다. 작년 4~11월 전국 1만 299명의 노인을 면접한 결과다.

이번 조사에서 응답자의 86.3%는 노인 연령으로 '70세 이상'을 꼽았다. 2008년 조사 당시 68.3%보다 18% 포인트 늘어났다. 구체적으로는 '70~74세'라고 답한 사람이 59.4%였고 '75~79세'가 14.8%였다. 80세 이상부터 노인이라고 응답한 사람도 12.1%에 달했다. 정부 관계자는 "노인들의 변화된 의식을 반영해 노인 연령에 대한 사회적 논의가 필요하다"고 말했다.

80세 이상의 초고령 노인은 큰 폭으로 늘었다. 65세 이상 전체 노인에서 차지하는 비중이 2008년 16%에서 2017년 21.7%로 10년 새 5.7% 포인트나 증가했다. 평균 노인 연령도 74.1세로 10년 전(72.9세)에 비해 훨씬 높아졌다.

노인 중 자녀와 같이 사는 경우는 23.7%에 불과했다. 나머지는 부부끼리 살거나(48.4%), 혼자 사는 것(23.6%)으로 파악됐다. '노년기에 자녀와 동거하는 것이 바람직하다'는 응답은 2008년 32.5%에서 2017년 15.2%로 10년 새 절반 이상 줄었다.

소득원별 구성은 공적 이전소득이 36.9%로 가장 많았다. 공적 이전소득은 기초연금과 국민연금, 기초생활보장급여 등을 의미한다. 사적 이전소득(22%), 사업소득(13.6%), 근로소득(13.3%), 재산소득(12.2%), 사적 연금소득(0.8%)이 뒤를 이었다. 정경희 한국보건사회연구원 부원장은 "기초연금, 국민연금 등의 제도가 자리 잡으면서 공적 이전소득 비율이 꾸준히 증가하고 있다"며 "다만 다른 소득원이 취약한 만큼 노인 소득을 다변화해야 한다"고 말했다. 노인의 30.9%는 경제활동을 하고 있고, 9.4%는 현재 일하고 있지 않으나 향후 근로를 희망하는 것으로 나타났다.

일하는 노인의 73%는 생계비 마련을 위해 경제활동을 한다고 답했다. 고학력·고소득 노인일수록 능력 발휘, 경력 활용 등 비경제적 이유로 일했다. 가장 부담스러워하는 지출은 주거 관련 비용(30.4%)이었고 다음으로 보건의료비(23.1%), 식비(18.7%), 경조사비(4.4%) 순이었다. 거동이 불편해져도 현재 살고 있는 집에서 계속 살기를 희망한다는 답변은 57.6%였다. 나머지는 노인요양시설이나 자녀 또는 형제자매 집에서 함께 살기를 원한다고 답했다.

[출처] http://news.hankyung.com/article/2018052494781

위의 뉴스 내용을 인용한 의미는 현실적으로 많은 시니어들이 경제적·정신적·육체적 불편함으로 고통을 느끼고 계시는데, 그림책 읽기와 같은 문화 활동으로 일상 속 즐거움을 활성화시킬 수 있다는 것을 알려드리고 싶어서이다. 또한, 그 활동을 통해 정신적 고통을 조금이나마 줄이고 의사소통을 원활하게 하게 되면, 정서적으로 진취적인 삶에의 질적 향상을 이룰 수 있기에, 도움을 드리고자 함이다.

그림책 하면 무엇이 생각나는가?

생각나는 책 제목이나 그림책 속 장면 등을 최근 주변의 다양한 사람에게 질문해 보았다. '화려한 색깔의 그림' '따뜻하게 읽어주던 사람(엄마)' '피터 래빗의 그림 중 비교적 쉬웠던 그림' '원색이고 심플해 화려하며 따라 그리기 쉬웠던 그림책(동화책)' '어릴 적 기억' '순수한 마음' '흥부와 놀부' '욕심 때문에 망하는 권선징악의 주제' '안데르센 동화' '해님 달님(썩은 동아줄)' '상상력' '즐거움' '여행' '네모나고 선명한 색깔과 예쁜 그림' '콩쥐 팥쥐와 심청전 같은 전래동화' 등등… 무수한 답변이 쏟아졌다.

반면 시니어 분들에게 같은 질문을 하니 '읽어본 경험이 많지 않다' '관심이 없다' ' 별로 생각나는 것이 없다' '동물' 등 간단한 대답 외엔 선뜻 대답을 못 하셨다. 신문이나 잡지는 많이 접해 봤지만 그림책(동화책)이라는 세상과의 상호작용 방법, 책을 가지고 놀던 경험이나 책 읽기 경험, 접할 수 있던 책의 종류 등이 지금보다 제한적이었기에 그림책과 관련해 떠오르는 기억이나 장면이 없었던 것이다.

시니어 분들은 어릴 적 그림책을 접한 경험이 부족하고, 본인의 욕구 표출 및 표현력이 부족하여 읽기 경험을 제공하고자 이 글을 쓰게 되었다.

그림책은 어린이만을 위한 책은 아니다. 최소한의 글을 최대한의 그림과 함께 구현해 즐길 수 있는 문화이며 예술인 것이다. 그림책에서만 특별히 표현되이 숨은 표현을 통해 그간의 삶과 애환이 살아 숨 쉬는 생동감을 느낄 수 있다. 단순하지만 단순하지 않다. 각 그림책 속에는 그 그림책만의 해학, 미학, 심오함과 스릴, 애환이 무수한 감성으로 표현된다.

그림책은 구체적으로 어떤 영향을 줄까?

그림책은 어린이가 읽는 책이 아니라 어른이 어린이에게 읽어주는 책이라는 마즈이 다다시의 오랜 지론을 비롯하여, 그림책 속에는 소리도 있고, 노래도 있으며, 영혼의 상처까지 치유하는 힘이 있다는 가와이 히야오의 주장을 상기해 보자.

개인적으로 상실의 아픔을 겪은 뒤인 인생의 후반기에 새롭게 그림책에 눈을 떴다는 아나기다 구니오의 깨달음은 그림책이 단순히 어린이를 위한 책이라는 우리의 통념을 여지없이 깨뜨린다.

그림책은 어린이만을 위한 책이 아니라 어른에게도 깊은 영향을 주는 새로운 미디어다. 그림책이 현대 인간의 삶과 어떤 식으로, 얼마나 깊은 관계를 맺고 있는지를 생각해 본다면 그림책은 어린이만을 위한 책이 아니라는 걸 쉽게 깨닫는다.

최소한의 글과 최대한의 그림으로 구현되는 그림책은 시대와 세대를 초월해 함께 즐기는 일이 가능한 유일한 예술품이다. 얼핏 단순해 보이는 이 얇은 책 안에 생명과 삶이 빚어내는 기쁨과 슬픔의 순간이 압축되어 있음을 알아채는 진정한 독자는 누구일까?

그림책은 글과 그림이 통합되어 하나의 내용을 이루므로 그림 없이 글만으로는 내용을 완전히 이해하기 힘들다. 니콜라예바(Nikolajeva)와 스코트(Scott, 2001)는 그림책에서 글과 그림이 통합됨을 강조하고 이

논의를 확장하여 그림을 뜻하는 단어인 'picture'와 텍스트를 지칭하는 단어인 'book'을 결합한 복합어인 'picturebook'로 그림책을 표현한다. 루이스(Lewis, 2001) 또한 마찬가지로 그림책의 복합적 특성을 더 반영하려는 관점에서 그림책을 'picturebook'이라 표기하면서 그림책 탐색에 있어 취해야 할 첫걸음이란 그림책을 하나의 전체로 보는 일임을 강조하였다(2013, 김현미, 재인용).

그림책은 이처럼 글과 그림의 상호작용에 기인한 하나의 복합체이다. 즉, 그림책이란 문학과 예술이 결합된 예술 형식을 뜻하며, 이로써 공간적인 차원에서는 물론 시간적인 차원에서도 다루어질 뿐 아니라 본문을 통해 '말하고 보여주는' 이야기라는 복잡성을 갖는다(2013, 김현미, 재인용).

이상금과 장영희(1986)는 그림책은 시각적인 영상을 통하여 그 그림이 담고 있는 의미나 내용이 전개되는 상황을 이해하게 해주므로 일종의 즐거운 놀이로 그림책을 대했다(김수정, 2017). 따라서 그림책은 문자 해독 이전의 유아에게 절실하게 필요하며, 그들의 상상력을 발달시키면서 이해력, 언어 발달, 추리력, 논리적 사고, 심미적 정서, 주의력을 길러 줄 수 있다고 제안하고 있다(전현미, 2012).

그림책의 역할

첫째, 그림책은 사고력 발달 측면에서 모험과 환상의 세계를 통해 모험심을 기르게 하고, 꿈을 실현시켜주며 고정관념을 탈피하여 상상력을 키우도록 돕는다.

둘째, 언어능력을 발달시켜준다. 그림책의 풍부한 언어는 어린아이에게 언어에 대한 감각을 길러주며 읽기·쓰기·말하기·듣기를 통합적으로 교육한다. 더해 어휘를 키워주며 문법을 자연스럽게 익히게 하고 문해 능력을 발달시킨다. 이를 통해 타인과의 의사소통 능력을 높이는 역할을 한다.

셋째, 그림책은 정서 및 사회성을 발달시킨다. 그림책이 주는 즐거움을 통해 아이들은 만족감과 정서적인 안정감을 느낄 수 있다. 이야기 속 인물과의 감정이입을 통해 타인의 감정을 존중하고 이해하게 된다. 또, 그림책을 통해 여러 상황에 부딪히면서 문제 해결 능력을 배우게 되고, 다양한 세계의 지식과 정보에 대한 간접 경험을 통해 사회성을 발달시킨다.

넷째, 그림책은 대부분 권선징악과 인과응보의 주제를 통해 선과 악, 옳고 그름의 개념을 인지하게 하고 올바른 가치관을 길러주며, 인격 형성에 도움을 준다(노선화, 2013).

이처럼 그림책은 어린아이에게 필요한 여러 발달영역을 돕는 역할을 한다. 또한 좋은 그림책은 밝고 긍정적인 삶의 태도를 길러주는데 결정적인 역할을 할 것이다.

이상에서 살펴본 그림책의 중요성을 정리해보면 그림책은 어휘력뿐만 아니라 상상력과 창의력을 풍부하게 하고, 다양한 지식과 정보를 제공하여 지적 발달을 돕는다. 또한 주변 세계를 이해하고 문제 상황에 적극적으로 대처하는 태도와 문제 해결력을 가지도록 한다(황미영, 2014). 따라서 아이들이 좋아하고 주변에서 쉽게 접할 수 있으면서 교육적 가치가 큰 그림책을 교육활동에 맞게 선정하고 활용하는 일이 중요하다(맹지나, 2010).

그림책의 교육적인 의의를 좀 더 살펴보자.

| 그림책의 교육적 의의 |

어린 시절 그림책을 통해 맛본 즐거움은 평생 좋은 경험으로 남아 이후 독서에 대한 취향과 태도를 형성할 뿐 아니라, 그림책의 이해 및 다양한 표현력을 길러준다. 또한 이야기를 기억하며 몸동작, 얼굴 표정, 음성변화, 문자표현, 그림 등과 같은 표상의 도구들을 이용해 자신의 욕구를 표출하며 그림책의 내용을 더 잘 이해하게 하며, 이러한 의사소통 수단을 통해 언어 발달의 기초를 마련하게도 한다(고경옥, 2017).

즉, 사고력, 상상력, 언어 표현력, 언어 이해력 향상을 돕는 그림책의 교육직 가치를 고려하여 아이들에게 그림책을 제공하고 친근하게 접하게 하는 일은 다시 한 번 매우 중요하다.

그림책 읽기에 따르는 상호작용은 그림책을 통해 의사소통할 수 있는 사회적 상황이 이루어진다는 것이다. 예를 들어, 부모와 함께 같은 그림책을 반복해서 읽거나 다양한 종류의 그림책을 접하면 복잡하고 탈맥락적인 언어를 사용하는 데 많은 도움이 된다. 그림책을 읽으며 사고하는 활동의 횟수가 거듭될수록 다양하고 긍정적인 상호작용이 이루어지고, 언어의 빈도수와 창의력 또한 활발하게 증가하는 모습을 보인다. 이는 생각하고 느끼는 개념을 형성하는데 매우 중요한 상호작용이 그림책을 읽는 작업을 통해 이루어짐을 뜻한다.

그림책은 특히 어린이들을 위해 많이 쓰이는데, 대부분 혼자선 읽지 못하므로 성인이 읽어서 들려주게 되고, 아이는 그 소리를 들으면서 그림을 보고 내용을 이해하며 성인과 함께 책을 보는 경험을 한다. 성인과 함께 그림책을 보며 여행하고 즐거움을 공유함으로써 갖는 정신적인 공동 체험은 서로의 사랑을 확인할 수 있게 한다. 이와 같이 그림책은 성인과의 질 좋은 상호작용을 통해 정서적 성장을 촉진시켜 주는 새로운 경험을 제공한다(김현희, 박상희, 1999).

서덜랜드(Sutherland)와 아버스노트(Arbuthnot, 1991), 브룸리(Bromly, 1991)는 그림책을 통하여 자신과 타인의 삶에 대해 이해할 수 있으며, 어휘력이 증대되, 자연히 이야기에 대한 감각도 증진되어 듣는 태도가 길러진다고 하였으며, 정서발달 또한 신장된다고 하였다. 브룸(Bloome, 1985)도 그림책을 읽어주는 것은 성인과의 정서적 일치감과 안정감을 주어 사회관계의 기초를 형성해준다고 하였다. 김영애(1998)는 읽기 지도는 그림책 읽기와 같은 비지시적, 비형식적인 활동을 통해 이루어져야 함을 강조하면서 일상생활 속에서 다양한 종류의 책을 제공하여 책을 좋아하게 하는 것이 후의 언어 발달에 효과적이라고 하였다.

그림책 읽어주기가 이해도에 미치는 영향

첫째, 그림책은 일상생활 경험 외에 다양한 주제를 포함하므로 이야기를 듣는 동안 새로운 정보를 받아들인다.

둘째, 그림책을 읽어줌으로써 구어보다 정교한 문법적 형태의 문해 언어를 접하게 되면 스스로 읽기를 쉽게 배운다.

셋째, 이야기를 들음으로써 이야기 구조를 이해하게 되면 새로운 이야기를 접할 때 더 많이 예측(상상)하고 집중하는 시간이 길어진다.

즉, 그림책 읽기는 성인과의 정서적 유대감을 높이며, 세상에 대한 일반적 지식을 확장시키고, 예술적 표상에 대한 신비감을 높여줄 뿐 아니라 언어발달에 공헌한다.

쉬케단츠(Schickedanz, 1986)는 그림책 선정에서 가장 먼저 고려할 것은 어린이가 어떤 발달 단계에 있는가라고 하면서, 어린이와 책 읽기를 통해 상호작용을 하려면 어린이가 세상과 상호작용하는 방법, 과거에 책을 가지고 놀던 경험과 책 읽기 경험, 읽었던 책의 종류, 운동과 언어

기술영역의 발달 정도를 파악해야 한다고 하였다. 이 요소들에 따라 발달 단계에 맞춰야 바람직한 읽기 경험을 제공할 수 있기 때문이다.

책이란 인간과 인간의 마음을 하나로 이어주는 언어적 매체로서 즐거움, 기쁨, 슬픔을 경험하게 하고, 현실 세계에 대한 경험과 이해를 넓혀 준다. 특히 어린 시절에 경험하는 현실 세계는 매우 제한적인데 이 시기에 세상을 경험하게 하는 가장 좋은 방법이 그림책을 읽어주는 일이다. 그림책은 기쁨을 주고 상상의 단서를 제공함과 동시에 언어·정서발달과 사회화 과정에 영향을 주는 매력적인 교육적 매체이다(마쯔이 다다시, 1996).

그림책을 어른이 먼저 읽어야 하는 이유는?

그림책으로 어른이 꿈꿀 때 아이의 꿈도 자라난다. 어린아이들은 '이야기 밥'을 먹고 자란다. 세상이 만들어 놓은 수많은 이야기 속에는 꿈을 빚어내는 맛도 있고, 슬픔을 달콤하게 이겨내는 맛도 있다. 그 속에서 아이들은 잃어버린 희망을 찾거나 눈물을 흘리기도 한다. 어찌 보면 아이들의 삶도 어른들과 크게 다르지 않다.

아이들의 삶이나 어른들의 삶이나 사실 덩치만 다를 뿐 비슷하다. 우리 모두 때론 맵고 쓰며, 어느 때는 달콤한 기억으로 살아가는 것이 아닐까? 앞서 나는 아이들은 이야기 밥을 먹고 자란다고 말했다. 하지만 아이들뿐 아니라 모든 사람은 문학 작품에서 자기가 일상에서 느껴온 것들을 찾고 싶어 한다. 작가나 다른 누군가가 아닌 바로 자신이 느껴온 것을 말이다. 문학(그림책)의 신비로운 힘은 여기서 나온다.

> 모든 작품은 누군가가 읽기 전까지는 단지 하나의 작품일 뿐이지만,
> 그 작품을 천명이 읽으면 천 개의 작품이 된다.

만명이 읽으면 만 개의 작품이 되고, 백만명 혹은 그 이상이 읽는다면 백만 개 혹은 그 이상의 작품이 된다. 작가 위화의 말처럼 문학은 신비로운 힘을 지녔다.

그런데 재미있는 것은 내게는 활자가 비교적 적은 그림책이야말로 위화의 생각을 가장 잘 담고 있는 장르라는 생각이 든다는 것이다.

어른과 달리 경험의 폭이 얇은 아이들은 자신만의 감성으로 그림책을 받아들이기 때문에 상상의 폭이 어른들보다 훨씬 넓다. 그림책에 나오는 이야기의 시간은 물리적으로 보면 책 안에 갇힌 시간이다. 하지만 그림책 속의 이야기 체험은 독자에게 풍부한 시간과 공감각을 만들어 준다. 그리고 더욱더 깊은 심리적 시간을 제공해 감정과 경험의 폭을 넓혀가게 한다.

그림책 표지를 열기 시작해 닫을 때까지의 시간은 짧지만 아이들의 눈은 어른처럼 물리적 시간에 쫓기지 않는다. 아이들이 같은 책을 여러 번 읽는 것도 책 안에 숨겨진 이야기를 스스로 찾았기 때문이다.

표지를 열고 책장 속에 담긴 상상의 연결 고리를 하나하나 잇다 보면 아이들은 그 그림책 뒤에 숨겨진 나름의 드라마와 만난다. 짧은 문장이지만 맛깔스러운 표현이 많고 주제가 선명해, 이야기를 이끌어 가는 '글의 힘'도 한정된 장면에 비해 알차다. 이런 이유에 더해 '이야기가 없는 곳에서도 드라마'를 만들어 내는 외적인 표현인 표지와 면지를 잘 활용하면 그림책의 맛은 더 깊어진다.

좋은 그림책을 고르기 위해서는 아이가 경험한 것과 현재 읽고 있는 책들이 기준점이 되어야 한다. 어떤 그림책이 좋은 것이냐고 내게 묻는다면 이렇게 정의해 보면 어떨까?

"엄마, 아빠도 아이도 그림책을 덮고 난 뒤 그 메시지(이야기와 이미지)가 계속 남아 있는 책."

나는 그것이 좋은 그림책이라고 말씀드리고 싶다. 이번 기회에 자연도 나오고, 친구들과 나눈 우정도 나오고, 그래서 더 따뜻하게 여겨지는 내 유년시절의 그림책을 떠올려 보는 것은 어떨까?

시니어도 그림책에 새로운 눈을 뜨게 해 줄 입문서

어수선한 세상에서 우리의 삶을 더듬어 보며 생과 죽음, 인간과 자연, 동물과 사람, 지구와 우주를 이야기하는 방법. 이 방대한 것들을 서로 소통하며 공유하고, 그것들을 통해 삶의 지혜를 열어갈 수 있는 방법. 이 방법이 되는 건 무엇인지를 생각하게 하는 매체가 있다. 바로 최소한의 말과 그림으로 큰 감동을 주는 굉장한 표현 수단, 나이와 성별을 불문하고 소통을 가능하게 하는 그림책이다.

어린 시절에는 지적인 면보다는 정서적인 면이나 감성적인 면을 길러 주는 것이 더 중요하다. 그러기 위해서 그림책만큼 좋은 것은 없다. 그림책과는 직접 손으로 책장을 넘기고 그 세계 속으로 들어가 관계를 맺어야 한다. 글자도 있고 그림도 있는 그림책의 세계에서는 글과 그림이 상호 충돌하면서도 협력의 관계를 맺는다. 그림책은 짧게 읽고 깊게 감동하는 것으로 공감을 불러일으키는 매체다.

그림책으로 경험을 반추하고 새로이 해석하는 소통법을 열어야 한다. 그림책은 두려움과 허무를 치유하는 긍정의 처방이다. 그림책을 보면서 가장 행복한 순간은 늘 보던 그림책에서 새로운 무엇인가를 발견할 때, 그리고 내 마음에 쏙 드는 그림책을 보게 되었을 때이다. 그 다채로운 체험을 위해서 다양한 작가들의 다양한 그림을 보며 그들이 자신만의 스타일을 가질 수 있도록 격려해 드리고 취향을 존중해드려야 한다.

나는 지역교류를 추진하는 장으로 노인정에 가서 그림책(동화책) 읽기를 1주에 한 번 하기로 계획해 실천 중이다. 그중 한 권의 책을 소개한다.

내가 소개할「작은집 이야기」는 도시에 사는 사람들의 삶을 되돌아보게 하는 그림책이다. 아마 태어날 때부터 도시에서 살아온 아이들보다는 어른이 되어 도시에서 살게 된 사람들이 읽었을 때, 어렸을 적 살던 농촌의 풍경을 떠오르게 하며 인간과 자연이 조화롭게 사는 세상을 통해 더욱 큰 울림을 주는 책인 것 같다.

논두렁에서 개구리를 잡고 놀고 개울가에서 멱을 감고, 겨울철이면 눈이 내리고 얼음이 얼면 신나게 썰매를 타고 눈싸움을 하던 어린 시절의 모습이 아련하게 떠오릅니다. 봄이 되면 사과 꽃이 꽃망울을 터뜨리는 나무 아래 강아지와 함께 굴렁쇠를 들고 달리는 아이의 모습이, 여름이 되면 웅덩이에서 헤엄치는 꼬마의 모습이, 가을이 되면 학교에 가는 꼬마들의 모습이 보입니다. 하얀 눈으로 뒤덮인 겨울 풍경 아래 눈사람을 만들고 노는 아이들의 모습이 너무 아름답습니다. 계절이 변해감에 따른 봄, 여름, 가을, 겨울 자연의 모습들이 무척 잘 보입니다. 바뀐 자연 속에서 아이들이 뛰어노는 모습도 점차 달라집니다.

「작은집 이야기」 본문 중

이 책에서는 시간이 흐르고 세월이 변해감에 따라 점점 산업화·도시화 되어가는 농촌의 모습도 느낄 수 있다. 어느 날 아침 말이 끌지 않는데도 움직이는 수레를 보고 깜짝 놀라는 모습, 꼬불꼬불한 길이 점점 넓어지며 평평한 도로가 만들어지고 새 도로를 따라 작은 집들이 생겨나는 모습, 자꾸 도로가 만들어지고 점차 커다란 아파트 등 높은 집들이 생겨나는 모습…. 겉표지 바로 안쪽에도 작은집의 주변이 점점 변하는 모습을 한눈에 볼 수 있게 그려놓았다.

도시에 사는 우리는 어쩌면 색깔을 잃어버린 회색 존재들인지도 모른다. 그런 농촌이 도시로 변모하는 모습을 이 책은 아기자기한 그림과 이야기를 통해 잘 표현하였다. 이 이야기는 나중엔 아무도 알아주지 않는 작은 집의 외로운 모습을 통해 점점 삭막해진 도시에서 익숙하게 살아가는 우리들의 마음속에서 잃어버렸던 소중한 추억과 감정들을 잘 깨닫게 하는 마음 따뜻한 이야기다.

수업할 때, 이 「작은 집 이야기」 그림책을 읽어 드리고, 내가 본인이 자연 속에서 찾아 느낀 아름다움이나 아동·청년·중년·노년기 모습 중 하나를 그림이나 글로 표현하기를 권하면 시니어들은 경험이 없어 "나는 못 해" "할 줄 몰라"라고 하신다.

하지만 그림책 이야기를 들으면 많이 공감하시고 "이런 그림책도 다 나오네" 혹은 "그림도 참 재미있네"라며 많은 관심을 보이며 즐거워하신다. 그러다 그림책에 나온 그 시절을 어떻게 보내셨는지 말씀을 권하면 조금씩 이야기보따리를 풀기 시작한다.

아동기 시절에는 엄마·아버지와 형제자매를 보고 싶어 하셨다는 얘기, 청년기에는 엄한 부모님 때문에 나물 캐기 등을 하며 바깥나들이는 아예 꿈꾸지 못하셨다는 얘기, 요즘처럼 데이트도 못 했고 부모님이 정해준 사람과 결혼해야 했다는 얘기, 중년기에는 많은 시집 식구들의 식사 준비 등 시집살이와 자녀 교육으로 고생하셨다는 얘기 등….

글이나 그림으로는 표현 안 하시지만 그동안의 추억과 기억을 되살리며 계속 말씀하신다. 이처럼 작은 이야기 하나에 즐거워하시고 추억과 기억을 되살리는 어르신들을 보며, 꾸준한 책 읽기를 통해 지역교류에 꾸준히 동참하고, 나아가 세대 간 교류의 장으로 시니어들이 어린이들에게 책을 읽어주게 하는 재능기부에 힘써야겠다고 생각했다.

인생 2막 그림책 읽어주기를 통하여 세대 간 교류를 촉진하고, 상호 간 영향력을 주고받는 일들이 액티브시니어에게 얼마만큼 긍정적인 효과를 가져 올지 기대된다. 이 글을 읽는 여러분들은 어떠한 것이 기대된다고 생각하는가? 기대되는 효과 중 가장 큰 것은 세대 간 교류가 아닐까?

| 그림책 읽기를 통한 세대 간 교류 |

　요즘은 핵가족화가 진행되어 고령자와 접촉할 기회가 적기 때문에 여러 세대와 접촉하는 일은 그 자체로 어린이들에게 의의가 있을 것이라 생각한다.

　또 도시에서 어른이 알고 있는 아동이 한 명이라도 늘어난다는 것은 지역의 눈이 늘어난다는 의미이므로 방범적인 면에서도 어린이들 사회에 안정감을 줄 것이다. 또 사람을 만나 자극을 받거나 즐겁게 지내는 일은 서로의 심신건강증진으로 이어질 것이다.

　아름다운 말과 책 읽는 즐거움을 전달하고, 아이들과 그림책 안에서 같은 상상의 나래를 펼쳐 함께 놀고, 웃고, 슬퍼하고, 공부하는 시니어들의 모습은 생각만 해도 흐뭇하다.

　실제로 어린이에게 그림책을 읽어주는 봉사에 참여한 시니어들을 대상으로 MRI를 찍어보았는데, 기억력을 담당하는 뇌 속의 해마가 같은 나이 때 시니어들보다 덜 위축돼 있었다. 정말 그림책 구연이 아이들에게는 상상력을, 어른들에게는 기억력을 가져다준 것이다. 또, 시니어가 아이들에게 자신이 읽은 그림책의 내용을 들려줄 때, 같은 그림책이라도 어떤 사람이 읽어주느냐에 따라 달라지는 어린이들의 반응을 보는 것도 재미있다.

어린이들의 반응이 크면 클수록 시니어도 순수한 어린이로 돌아가므로, 시니어들은 지금이 자신의 황금기라고 생각할 수 있다. 세대 간 그림책 읽기 활동이 기대되는 이유이다.

[참고문헌]

이혜란, 유아의 상호작용 매체에 따른 어휘 다양도, 대화기능 분석 연구: 그림책 읽기와 놀잇감을 중심으로(2017)

황혜영, 그림책을 활용한 인성교육이 유아의 자아 존중감과 창의적 인성에 미치는 영향: 인간존중과 생명·환경 주제를 중심으로(2017)

블로그, http://blog.naver.com/khhan21/220820835500

박상률, INTRO 그림책의 힘

조선일보, 김철중, "시니어들의 자원봉사가 고령사회를 움직인다"

13장

인생의 도움닫기

최 유 정

◆ 액티브시니어지도사 / 시니어플래너지도사
◆ 한국시니어플래너지도사협회 강릉지부장
◆ 심리상담사 / 노인심리상담사
◆ 현)동국대 평생교육원 시니어플래너지도사과정 주임강사
◆ 현)연세대 미래교육원 시니어플래너지도사과정 강사

무엇이든 할 수 있는 "나이"다, 무엇이든 할 수 있는 "나"이다

한참 물이 오른 신록의 나무숲에 사부작거리는 소리와 더불어 아침을 깨우는 새소리를 들으며 숲이 내는 소리와 간혹 불어오는 바람을 통해 숲의 깊은 내음을 맡으며 자연의 흐름을 느껴본다.

10대, 20대 말하지 않아도 싱그러움이 넘치는 세대들은 바로 지금의 풍성한 나뭇잎과 줄기의 힘찬 뻗음처럼 젊음을 느끼게 한다. 하지만 시간이 지나 나뭇잎이 떨어지고, 가릴 수 없는 부끄럽고도 앙상한 모습이 그대로 드러나게 되면 우리는 겨울을 맞이한다. 우리네 인생도 자연의 사계절을 닮았다. 젊을 때, 한창 푸를 때의 인생의 황금기를 열정을 다해 살다 보면, 어느덧 나이가 들어 앙상한 모습으로 노후를 맞이하게 된다. 그러나 안타깝게도 사람은 자연의 사계절처럼 살아갈 수 없다. 우리의 인생은 한 계절이 지나고 나면 다시는 돌아올 수 없는 삶이란 이름이고, 그러다 불현듯 맞이하게 되는 노후에서는 사람은 자연을 결코 이길 수 없다는 것을 배운다. 그러므로 나이가 들면 인생을 알게 되고 자연히 숙연해지는 것일까?

이 순간에도 끊임없이 새로운 하루하루의 삶을 충실히 맞이하고 있는 지금, 행복하신가요? 나는 묻고 싶다. 많은 사람들이 경제적으로 여유롭고, 사회적 활동 혹은 직장에서 명성을 얻고, 타인에게 인정받고, 나름대로 건강하고, 자신을 억압하는 것으로부터 자유로워졌다고 느낄 때 행복해진다고 생각한다. 행복의 조건들은 각자 다 다르겠지만, 사회적으로든 개인적으로든 성공이 곧 행복으로, 성공을 통해야만 행복을 느낄 수 있다고 생각하는 분도 계신다. 과연 성공이란 무엇일까?

| 성공 준비하기 |

본인이 원하는 것을 실현했을 때 대부분 '성공'이라고 이야기한다. 그러나 행복과 성공은 상대비교 대상이 아니다. 나름의 가치로 우리는 살아가는 과정 속에서 늘 자신만의 행복을 추구하고 살아가는데 그 과정 속에 좋은 일과 좋지 않은 일이 반복되며, 우리는 희망이라는 단어를 통해 미래를 그리며 삶을 산다. 그러다 어느덧 나이 들어 노후를 맞이하면서 예전의 삶을 돌아보다 눈시울을 적시게 되는 상황들을 누구나 경험하게 되는 것이다. 그 경험 속에서, 우린 삶에는 뚜렷한 공식이나 계산법이 존재하지 않는다는 걸 알게 된다.

살면서 갑작스러운 상황에 직면할 때, 우리의 상황대처능력이 그다지 뛰어나지 않으면 혼란과 좌절, 그리고 고통을 느끼게 되는데 나이가 들어가면서 갑작스러운 노후를 맞이할 때 또한 이런 감정들을 경험한다.

노화가 진행되며 피부 결도, 주름도, 건강상태도, 모든 것들이 변하지만 그것들이 서서히 진행됨을 행복하게 생각하고 맞이한다면, 그 또한 삶이 주는 여유로움이 되지 않을까?

노후를 맞이해야 하는 우리 삶에 여러 가지 생각지도 못한 장애요인들로, 우리는 어느 날 갑자기 거울 속 나를 보며 흰머리가 늘고 주름이 생긴 것을 보면서 노화가 진행되었다는 사실을 느낀다. 노인심리학자 브롬비는 사람은 인생의 4분의 1은 성장하면서 보내고, 나머지 4분의 3은 늙어가면서 보낸다라고 했다. 그렇다면 우린 이미 태어남에서부터 노화의 진행을 경험하면서 살아온 셈인데 굳이 퇴직 후 또는 퇴직을 앞두고 나는 이제 노인이야, 시니어야라며, 스스로 그런 단어를 특별히 써가며 나이 들어감을 인정해야 할 이유가 있을까? 자연스럽게 받아들이는 과정이 필요한듯하다.

과거 우리 부모님들의 삶은 가족 구성원들에 대한 책임감으로 그들을 위해서 모든 것들을 희생해 왔다. 나의 노후와 나의 삶은 자연히 잊혀 갔고, 당시의 하루하루의 삶에 충실하며 살아가다 노후라는 상황에 직면하면서 준비하지 못한 상황들에 당황하고 걱정해야 했다. 하지만 그 어떤 보상도 없이 그동안 열심히 살아온 결과로 얻게 되었을 뿐인 낡고 고장 난 몸을 이끌고 여전히 끊임없이 생활고 해결을 위해 손에 일을 놓지 못하고 살아간다. 준비되지 않은 노후 때문에 말이다.

만약 앞으로 우리 인생에 삶의 길을 안내해주는 내비게이션, 길 안내지도가 있게 된다면 누구라도 편한 방향을 선택하지 않을까?

그러나 신이 아닌 이상, 우린 사람인지라 결코 미래를 내다볼 수 없다. 그런 상황에 조금이나마 도움이 될만한 내용은, 우리가 뜀틀을 넘을 때도 속도를 최대한 높여 달리다가도 그 앞의 도움닫기의 힘을 받아야만 뜀틀을 잘 넘을 수 있듯, 우리 인생에도 그런 도움닫기가 있다라는 것이다. 이 말을 들으면 앞으로의 노후도 조금 편안히 대비하실 수 있으리라 생각된다.

법정 스님의 말처럼, 우리의 삶이 무소유의 삶이면 좋으련만, 사람은 결코 마음먹은 바를 실천하기가 쉽지 않다. 그러므로 이를 인정하면서 삶에 다가올 여러 가지 다양한 사건들을 조금이나마 덜 무겁게 받아들이고 적응하면서 살아간다면 인생에서 또한 작은 즐거움과 행복을 느끼지 않을까 생각한다.

사람이 사람답게 사는 것, 즉 '웰빙(Well-being)'은 자본주의의 극대화로 말미암은 현대 산업사회의 병폐를 인식하고 육체·정신적 건강의 조화를 통해 행복하고 아름다운 삶을 영위하려는 사람들이 늘어나면서 나타난 새로운 삶의 문화이다. 이는 1980년대 중반 유럽에서 시작된 슬로푸드 운동을 통해 등장했다. 이 웰빙이란 결국에는 '잘 먹고 잘살자'란 의미였는데, 그 후 나타난 또 다른 생활방식인 '웰다잉(Well-Dying)'은 고 김수환 추기경을 두고 일어난 안락사 논쟁에서 아름답고 존엄한 죽음을 몸소 실천함으로써 잘 먹고 잘사는 것이 전부가 아닌 자연스러운 죽음의 과정을 받아들이는 것, 행복한 죽음의 내용까지 포함한다.

그 뒤를 이어 건강하고 멋지게 나이 드는 의미의 '웰에이징(Well-aging)' 시대로 발전하면서 질병의 치료를 중심으로 했던 건강한 삶의 개념은 신체·정신 모두를 통괄하는 유지의 예방적 건강관리 개념으로 패러다임이 확대되었다. 이러한 변화를 통해 우리는 물질적인 측면보다 삶의 질적인 측면에 더 관심을 가지기 시작했다.

결국 모든 과정이 그동안 남을 위해 배려하는 삶에서 나 중심의, 나를 위한 삶으로 바뀌어 가는 과정을 보여주고 있다. 그런데 사람이 살아가면서 모든 게 계획대로 돼 잘살면 좋을 텐데, 여러 가지 변수들이 많이 나타난다.

미국의 경제학자 모딜리아니는 인생의 라이프사이클에 대해 연구하였다. 25세 젊은이 100명을 대상으로, 그들이 65세가 되었을 때 다시 조사해 보니 그중 1명이 부자가 되었고, 또 그중 4명은 연금소득으로 돈 걱정 없는 삶을 살고 있었고, 그중 27명은 사망하였고, 나머지 68명은 아직도 일을 하거나 빈곤을 면치 못하고 있었다. 우리나라 속담에 부자는 하늘이 내린다는 말이 있는데, 경제적 풍요를 얻기란 그만큼 어렵다는 얘기였다.

이것이 40년을 살아온 사람들의 통계결과였다. 안타깝게도 27명의 사람은 신의 영역에 속하는 사람이 되었다. 누구든지 아무 계획 없이 그냥 살아간다면 어디에 속하기 쉬울까?

많은 사람이 부자를 꿈꾸고, 부자가 되기 위한 계획을 세워 보지만 실행 계획을 가지고 사는 사람들은 많지 않다. 보통 중산층의 40%와 부유층의 54% 이상만이 그런 플랜을 가지고 있다고 한다.

그러므로 우린 앞선 통계에 나온 5명의 삶을 위해 65세가 되기 전, 은퇴하기 전에, 머뭇거리지 말고 적극적으로 삶의 계획을 실행해봐야겠다.

하지만 앞서 말했듯 우리가 살아가는 데 확실한 방향이 정해져 있다면 아무 문제 없이 웰에이징 상태를 위해 노력하며 앞만 보고 달려가면 될 텐데, 인생에는 예기치 못한 상황이 나타나기 때문에 그런 상황에 대비할 수 있는 안전장치가 필요하다. 그러기 위해, 우리가 알아야 할 사회 전반적인 흐름을 공부하여 이해한다면 살아가는 데 대비할 수 있으므로 큰 문제는 없지 않을까?

사회 흐름 이해하기

요즘 사회의 전반적인 흐름을 보면 물가상승, 실업, 질병, 장수의 위험과 더불어 가장 큰 이슈가 저출산 고령화 사회이지 않을까 생각한다. 요즘은 뉴노멀(New normal- 시대변화에 따라 새롭게 기준이 떠오르는) 시대라고 할 정도로 이슈가 다양하며, 현재는 저성장, 저금리, 고령화가 사회 전반적인 이슈이다.

저성장이 우리에게 직접적으로 미치는 영향은 오르지 않는 급여이고, 저금리가 직접적으로 미치는 영향은 통장에 돈이 쌓이지 않는다는 것이다. 우리나라는 1970~80년대에 금리가 무려 24%에 육박할 정도로 상당히 높았는데, 그때는 전 국민 저축률이 60%를 넘어설 정도로 가장 큰 재테크 수단이 은행에 저축하는 것이었다.

그러나 IMF 이후, 금리는 엄청나게 하락했고, 그 후 시대 흐름에 따라 계속적으로 하락을 거듭하다 결국 최근에는 1%대의 금리를 맞이하게 되었다. 70~80년대에는 저축을 하면 평균 3.6년이면 내 돈이 두 배가 되어 통장에 찍혀 기쁨을 주었으나, 현재 금리로는 어림도 없다. 예전처럼 이자가 붙어 내 돈이 두 배가 되려면 지금은 몇 년이나 걸릴까?

무려 70년이란 세월을 거쳐야 내 돈이 두 배가 되는 세상이라고 한다. 결국, 이제는 돈이 돈을 벌게 하는 세상은 보기 힘들지 않을까 생각한다.

거기에다 사람이 과거에는 몸을 움직여 노동생활을 하다 보니 평균수명이 길지 않았고 그래서 환갑을 맞이하면 오래 살았다고 잔치를 벌였지만, 지금은 의료기술이 발달했을 뿐 아니라, 노동 자체도 몸을 움직이는 것보단 컴퓨터가 일과 생활의 대부분을 차지하고 있어 평균수명이 높은 세상이 되었다. 2015 통계청 자료에 의하면 남자는 79세, 여자는 85세가 평균수명이고, 현재 사람들이 가장 많이 사망하는 연령대는 90대라고 한다.

우린 준비 되지 않는 노후, 그럼에도 너무 오래 살아야 하는 선택 아닌 선택되어진 사회 구조 속에 살고 있다.

고령화 사회의 의미를 좀 더 자세하게 짚어보자. 너무나 익숙해 요즘은 누구나 알고 있는 단어이지만, 막연히 사람이 오래 사는 사회가 아니다. 정확하게는 전체 인구 중에 65세 이상 노인이 7%, 14% 이상인

사회를 고령사회, 20% 이상인 사회를 초고령사회라고 말한다. 막연한 데이터가 아니라 우리에게 다가온 미래이다.

프랑스는 고령화 사회에서 고령사회로 진입하는 데 115년이 걸렸고, 스웨덴은 85년, 이탈이라는 65년이 걸렸다. 그러나 우리나라는 19년 만에 빠르게 고령사회로 진입하여 이미 2018년 현재 고령사회가 되었다. 우리나라가 이렇게 빠르게 고령사회로 진입한 이유는 무엇일까?

역시 가장 큰 원인은 저출산과 장수이다.

저출산은 유소년의 인구가 감소하는 것을 의미하고, 장수는 반대로 노인 인구가 증가하는 것을 의미한다. 전 세계에서 출산율이 가장 적은 나라가 바로 대한민국이다. 1970년대 4.57명이던 출산율은 2000년에 1.47명, 2003년에 1.19명, 2017년에는 역대 최저치인 1.05명으로 나타났다. 반면 평균수명은 1971년 63세, 2001년에는 76세, 2017년에는 82.1세로 1년에 약 0.5세씩 늘어나는 상황이다. 그러므로 현재 우리나라의 출산율은 전 세계에서 가장 낮고, 평균수명 증가 속도는 세계에서 가장 높다.

이렇게 고령사회가 되면 사회 전반적인 환경에 변화요인들이 나타나게 되는데, 첫째는 일하는 노인이 많아지고 젊은 세대가 적어지면서 소득분배로 인한 세대 갈등이 심화된다는 것이다.

둘째는 건강보험, 장기 요양 시설, 교통비 등의 세금으로 충당되어온 복지정책이 경제활동인구가 줄어들게 되면서 세금도 따라 줄게 되어 결국 어려움에 직면하게 된다는 것이다.

즉, 이러한 사회 제반 환경 안에서는 준비하는 사람만이 풍요로운 노후를 맞이한다.

| 과거를 통해 미래 예측하기 |

시간이 지나며 나타나는 사회환경의 변화요인 중 큰 한 가지는 물가상승이다. 우리는 살아가면서 과거, 현재를 거쳐 미래까지 물가상승에 대한 요인들을 누구나 느끼고 살게 되는데 그에 앞서 30년 전 1988년대 우리나라 물가를 상기해 보자.

1988년은 중소기업 과장의 월급은 50만원이었고, 서울의 아파트 한 채가 1,200만원 하던 시절이었다. 당시에는 천원으로 무엇을 할 수 있었을까? 버스표 한 장이 140원이었고, 택시 요금이 800원, 자장면 한 그릇이 500원 하던 시절… 천원 한 장으로 누릴 수 있는 것은 다양했다.

그러나 지금은 그때보다 물가가 약 10배가량 올랐고, 천원이 아니라 만원으로 이 모든 걸 해결해야만 한다. 그러나 더 큰 문제는 우리가 맞이해야 할 20~30년 후가 본격적인 노후생활이 시작될 때라는 것이다.

그 미래의 버스요금이 앞선 논리로 지금의 10배라면, 14,000원이 될 것이고, 자장면 가격은 한 그릇에 50,000원이 될 것이다. 그럼 지금 현존하는 돈의 가치로는 절대로 버스를 탈 수도, 자장면을 먹을 수도 없게 된다. 결국 그만큼의 돈을 더 준비하는 방법밖에는 없다.

또 실업의 문제도 있다. 노인 실업과 더불어 청년 일자리 창출에 정부가 많은 관심을 쏟고 있으나, 2017년에 20대 경제활동인구는 406만명이나 60대 경제활동인구는 421만명으로 나타났다. 결국 60대보다 20대의 경제활동인구가 더 적다는 얘기다.

또한 청년실업률은 15세에서 29세의 경제활동인구 중 실업자 비율을 말하는데 2018년 통계청 자료에 의하면 38만 8천명으로 집계되었다. 원인으로는 저렴한 인구비 때문에 기업이 해외이주를 해 국내 일자리가 감소한 것과 대졸자가 이전에 비해 급격히 증가하였다는 점, 노동시장의 경직성으로 정규직과 비정규직 사이의 차이가 해소되지 않는다는 점 등으로 나타났다. 그러므로 노동시장의 유연화와 산업수요에 부응하는 인력개발, 기업을 경영하기 좋은 환경조성 등이 해결책으로 나타나야 한다.

정부는 노인 세대 일자리 창출의 일환인 일자리 사업을 통해 고령사회로 진입하며 근로의욕을 가진 건강한 노인이 급증함에 따라, 일자리를 희망하는 노인에게 맞춤형 일자리를 공급하여 소득창출 및 사회참여의 기회를 제공하였다. 일할 의욕과 능력이 충분함에도 불구하고 30~40년의 기간을 무직 상태로 보냄으로써 경제적 측면과 정서적 측면에서 노인 삶의 취약성이 드러나는 것을 막고자 했다. 더 유연한 해결책들을 통해 청년에게도 많은 기회가 제공되면 좋을 것이다.

요즘은 건강에 대한 관심도가 날로 높아진다. 하지만 질병의 위험도 생활환경 및 식습관을 통해 계속 증가하고 있다. 1980년대 우리나라에서 가장 발병률이 높았던 질병은 고혈압질환이었다. 1990년대부터 2000년대 초반까지는 뇌혈관질환이었다. 그 후, 현재까지 1위를 차지하는 것은 암이라고 한다.

국립암센터에 의하면 현재 의료기술의 발달로 암환자의 생존율은 70%에 육박한다고 한다. 그렇다 하더라도 결국 암 진단을 받게 되면 10명 중 8명은 직장을 그만두고 투병에 전념해 경제활동유지가 불가능한 상태가 되는데, 5년의 생존기간 동안 제일 든든하며 좋은 지원자는 돈일 것이다. 그래서 우리는 아직 일어나지 않은 일도 미리 대비하여 기본적 안전장치를 마련해야 한다.

또, 노인 세대에서 가장 많이 일어나는 질병은 치매이다. 이는 사회 전반적으로도 심각성을 재고해봐야 할 질병인데, 영국 전 수상이었던 마가렛 대처 역시 2008년에 치매 진단을 받았다. 미국 전 대통령인 로널드 레이건도 알츠하이머를 앓았다. 이렇듯 절대권력이라고 불리던 자리에 있던 사람들도 나이가 들면 피해갈 수 없는 것이 치매다.

영국에서는 특히 치매를 암과 함께 인류의 큰 적 중의 하나라고 표현하면서 세계최대규모의 치매 연구에 돌입했다. 하지만 아직 치매는 백신도 없으며 그 원인도 불명확해 완치가 가능하지는 않다.

우리나라 노인들의 치매 발병률을 보면, 알츠하이머성 치매가 70.5%를 차지하며, 2017년 기준으로는 치매 환자 수가 72만 명에 달하고 있다. 2024년을 기준으로 하면 100만 명을 넘어설 것으로 예측된다. 그러므로 갈수록 늘어갈 치매 환자에 대한 비용 부담 역시 미래 사회의 큰 문제점이 될 것으로 보인다.

4차 산업혁명에 대한 대비

이러한 여러 가지 사회변화의 상황 속에도 여전히 우리의 삶은 진행형이고, 정보는 홍수처럼 흘러넘친다. 나이가 적든 많든 나에게 필요한 정보는 내 것으로 습득해야만 살아갈 수 있는 사회에서 사는 셈이다. 과거 몸을 움직여 살아가던 1차 산업이라는 우리 삶의 환경은 18세기 말 영국에서 일어난 최초의 산업혁명으로 대변혁을 맞았다. 대표적 발명품인 증기기관이 만들어지면서 생산량이 엄청나게 높아졌다. 기계는 사람보다 월등히 생산성이 높았고, 이전까지만 해도 사람이 하나하나 손으로 만들어 내야 했던 생산방식도 완전히 바뀌는 계기가 되었다. 그 후 19세기 중후반에는 독일과 미국이 2차 산업혁명을 주도했으며, 전기에너지와 대량생산 시스템이 개발됐다. 공장이 전기로 돌아가게 되면서 생산량이 엄청나게 늘기 시작했고, 석유와 철강을 쓰는 자동차 산업들이 발달하면서 우리나라의 경제규모가 엄청나게 커지기 시작했다. 그 후 1950년대부터 오늘날까지 이어진 3차 산업혁명으로 전 세계는 자동화와 정보화라는 새로운 시대에 진입했다.

컴퓨터와 디지털기술, 인터넷의 등장으로 우리의 삶은 또 엄청나게 변화하기 시작했다. 그렇게 정보의 홍수 속에 살아가던 와중, 우리는 또 엄청난 변화를 맞이해야 하는 상황에 직면하게 되었다.

바로 4차 산업혁명이다.

그럼 4차 산업혁명이란 무엇인가? 이는 독일에서 가장 먼저 제시한 내용으로 여러 가지 정보통신기술들이 융·복합하면서 이전에는 없던 엄청난 변화를 불러일으킬 혁명을 뜻한다.

4차 산업혁명의 핵심은 지능화, 자동화라고 이야기한다. 컴퓨터나 스마트 폰 뿐만 아니라 자동차, 냉장고, 세탁기 등 세상의 모든 물건이 네트워크에 연결되고, 그 안에서 우리가 하는 모든 행동이 데이터로 기록된다는 것이다. 즉, 사물인터넷(IoT- Internet of Things)이라는 개념으로 한 시스템 안에 모든 기계, 부품, 제어기, 검사기 등이 상호 소통을 하는 것이다. 더불어 어떤 명령을 내리지 않더라도 스스로 학습할 수 있는 똑똑한 인공지능이 여러 가지 데이터들을 모아서 빅데이터를 기반으로 중요한 판단을 하게 된다고 한다.

과거 기계와 인공지능은 아주 제한적인 상황에서 주어진 명령을 묵묵히 수행했었다. 대표적으로 아이들이 하는 오락게임을 들 수 있다. 그러나 이제는 인공지능이 알아서 운전도 하고, 계도 하고, 아픈 사람 진찰도 하고, 글도 쓰고, 심지어는 그림을 그리거나 음악도 만들 수 있다.

2017년, 세기의 바둑대결인 이세돌과 알파고의 바둑시합에서 인공지능이 사람을 이겼던 사실을 기억하는가? 이 인공지능은 스스로 학습하는 기능(딥러닝)을 통해 인공지능이 어떤 개념인지를 순식간에 세상에 알리는 계기를 마련했다. 이제는 이 인공지능이 모든 영역에서 인간과 경쟁을 하게 될 것이다. 결국 그러다 보면 사람이 기계의 지능을 이길 수 없는 세상에서 우리는 살아가게 될 것이다. 기계는 사람보다 생산성도 월등히 높고, 인건비 인상 등 경제적 부담도 적어 계속 활용하기에 좋다. 사람이 기계보다 우월한 점이라면 스스로 생각하는 능력이 있다는 점일 텐데, 이제 기계도 스스로 생각할 수 있게 된다면 기계의 활용 가치는 더욱 높아질 것이다.

만약 사람들이 엄청난 교육열을 통해 지식을 쌓아도 뽑아주는 직장이 없게 된다면 어떨까?

4차 산업혁명을 통해 삶의 편리함이 생기는 대신 고용창출 및 인간의 노동력을 필요로 하는 곳은 서서히 사라지게 된다. 결국 빠른 대비가 필요한 시기임이 분명하다.

파이터치연구원에 의하면 앞으로 20년 안에 124만 개 이상의 일자리가 사라지게 될 것이라고 한다. 그 중심에 우리가 있는 것이다. 평균수명의 연장과 더불어 우리는 부모의 책임하에 30년 정도를 살아왔고, 본인의 책임으로 30년을 살아가야 하며, 또 그 후 남은 30~40년 이상의 삶을 책임져야 한다. 그러므로 책임을 준비할 수 있는 기간 안에 준비하지 않으면 암울한 삶을 살 수밖에 없다.

결국, 은퇴라는 시기를 맞이하면서 그 삶이 경제적으로 자유롭다면 더없이 행복하고 즐거운 삶이 될 것이지만 그 반대의 경우라면 노년이 되어서도 평생 일을 해야만 한다. 은퇴라기보다는 제2의 직업을 통해 삶을 영위해야만 하는 것이다.

그럼 우리는 미래를 어떻게 잘 준비해야 할까?

미래산업을 통해 나타나는 일자리는 빅데이터, 3D 프린팅, 드론, 무인 자동차 등의 신기술을 이용한 여러 가지 새로운 직업들이라고 한다.

10년 전만 해도 스마트 폰은 세상에 존재하지 않았다. 전화기를 들고 다니면서 통화하는 일은 상상조차 못 했다. 그럼 앞으로 10년 후는 어떤 모습일까?

| 다시 10년 후 삶의 모습은? |

첫 번째는 극초음속 기술이 부상할 것이다. 마하는 1초에 340미터를 움직이는 것을 일컫는데 극초음속은 그보다 더 빠른 속도를 말한다. 현재는 무기와 제트기에 사용하는데 이 기술의 최종목표는 여객기에 사람을 100명 정도 태우고 지구 한 바퀴를 도는데 4시간 정도를 소요하는 것이다. 앞으로는 이 극초음속 비행기를 통해 우주여행도 가능해지리라 예상한다.

두 번째는 무선전력전송이다. 이는 선 없이 전력을 주고받을 수 있는 기술을 말한다. 이미 우리 생활에서 자주 볼 수 있는데, 휴대폰 무선충전기이다. 현재는 완전하지 않은 상태이나 앞으로는 인공위성을 통해 태양 에너지를 받아서 전기생산도 가능할 것으로 예상한다.

세 번째는 무인수송기술이다. 이미 무인 자동차는 거의 상용화 되는 시기에 접어들었고, 버스나 택시도 무인으로 바뀔 것이다. 비행기나 배도 무인으로 운행이 가능할 것으로 예상한다.

네 번째는 완벽한 번역기이다. 현재까지 인류는 모든 언어를 완벽하게 실시간으로 통역해주는 시스템을 만들지 못했으나, 인공지능의 발달로 가능해질 것으로 예상한다.

마지막으로는 고도화된 인공지능(AI) 기술이다. 인공지능기술은 앞으로 거의 모든 분야에 쓰이게 될 것이라고 한다. 이러한 변화의 삶 속을 함께하는 우리는 혁명이라는 과정을 통해 매번 변화를 맞이하며 적응하며 살아간다. 적응과정에 물론 불편함도 있으나 잘만 대비한다면 생활에 더 많은 편리함을 가져다줄 것이다.

이제는 생명공학기술이 엄청나게 발전하여 200년 이상을 살아야 하는 세상이 될 수도 있다. 안타깝게도 인간의 노화는 멈출 수 없다. 노화는 왜 진행될까?

나이가 들면 손을 베였을 때 상처가 서서히 아무는데 세포의 재생이 잘 안 돼서 그렇다고 한다. 노화가 진행되는 원인은 염색체 중 텔로미어라는 것과 관계가 있는데 텔로미어의 길이가 점점 짧아지기 시작하다 완전히 없어지면 더 이상 세포증식이 안 된다고 한다. 그런데 만약 유전공학적인 방법으로 이 텔로미어의 길이를 늘일 수 있다면 우리는 젊음을 유지하면서 오래도록 살 수 있다는 것이다.

최근 크리스퍼라는 유전자편집기술의 등장으로 손상된 유전자를 잘라 정상유전자로 갈아 끼우는 것이 가능해졌다고 한다. 이는 유전자를 활용하는 것인데 암 또한 유전자의 돌연변이에 의해 나타나므로 이런 방법이 상용화되면 많은 도움을 받을 것이며, 앞으로는 핸드폰 앱도 유전자 앱으로 바뀔 것이라고 한다.

2013년 유방절제술을 받은 안젤리나 졸리는 유전자를 검사해보니 엄마의 병력이기도 했던 유방암을 일으키는 유전자가 발견돼, 고액의 병원비를 들여 미리 유방절제술을 받았다. 하지만 그마저도 이제는 BRCA라는 유전자를 제거만 하면 되는 시대에 와 있다고 한다. 또한 살아가면서 몸속 장기가 손상됐을 때, 장기를 이식하는 것이 아니라, 3D프린터로 장기를 길러서 사용할 수도 있다고 한다.

필라델피아에 있는 한 소아암 병동에서는 유전자편집을 임상시험 중에 있다. 결국에는 유전자편집기술을 통해 시력을 상승시킬 수도 있고, 알츠하이머병 또한 점차 감소시킬 수 있을 것이며, 높은 IQ를 갖게 할 수도 있고, 남성형 탈모도 제거할 수 있고, 평범한 사람이 너무 귀가 잘 들리는 완전한 음악가로 변모해 절대음감을 나타내게도 할 수 있을 것이다.

결국 앞으로의 세상은 생명연장과 더 나은 삶의 질을 위해 끊임없이 연구하는 방향으로 나아갈 것이며, 그러다 보면 더 나은 삶의 편리함이 추구되는 세상이 도래할 것이다.

이때, 준비되어있는 사람만이 기회를 잡을 수 있다. 불확실한 미래가 아닌 지금 어느 정도 예측 가능하고 정해진 미래가 있다면 미리 준비하는 것이 최선의 방법이다. 이러한 내용들이 살아가는데 조금이나마 도움닫기가 될 수 있다면 우리의 미래는 조금 더 풍요로운 삶으로 이어지지 않을까?

14장

아드린느를 위한
발라드

허 애 리

- ◆ 액티브시니어지도사
- ◆ 시니어플래너지도사
- ◆ 안양대 평생교육원 시니어플래너지도사과정 주임강사
- ◆ 사회복지사 / 요양보호사
- ◆ 문해 지도사 / 독서 지도사
- ◆ 가족 상담사

아드린느를 위한 발라드(꿈)

"한 사람이 그만두신다는데 등록하시겠어요?"

"지금 등록하시면 만 원 할인되는데 다음 학기 등록하시죠."

대형마트 문화 센터에서 걸려온 전화다.

냉큼 "네, 해 주세요"라고 답했다.

"그럼 등록 예약하겠습니다."

담당자와 통화를 끝낸 후 생각하니, 아구! 또 일 벌였네. 끝이 없다는 피아노 연주를 배워 보겠다고 미등록 시간이 있으면 연락을 달라고 해 놓고, 하시겠느냐는 전화에 뒤도 안 돌아보고 등록을 한 것이다.

그러나 피아노 연주는 내 오랜 꿈이었다. 그 어렵다는 음악 화성 시험을 만점에 가깝게 받아 내 평균 점수에 지대한 도움을 받던 때부터 난 피아노 연주를 꿈꾸었는지도 모른다. 백과사전에서 꿈이란 단어의 뜻을 찾아보면 '수면 중에 착각적·환각적으로 체험하는 감상성 심성(영상)', '사람이 잠자는 동안에 생시와 마찬가지로 보고 듣는 여러 가지 체험을 하는 것' 등으로 설명되어 있다.

프로이트의 저서 「꿈의 해석」에서는 보통 꾸는 꿈의 뒤쪽에는 분석해야만 알 수 있는 감추어진 꿈, 즉 무의식적인 꿈이 있다고 한다. 이 무의식적인 꿈을 분석하는 것이 곧 꿈의 해석이라 했다.

꿈은 하지 못했던 것을 성취하는 소망 충족으로써 의의가 있는 것이다. 보통 우리가 꿈을 허무맹랑하고 난맥상으로 이루어진 무의미한 것으로 생각하지만, 소망·충족이 꿈의 여러 작업 과정을 거쳐 왜곡되기 때문이라고 정신분석학은 의식의 잠재 내용을 분석 및 해석하고 있다.

꿈은 완전한 가치를 지닌 하나의 심적 현상이며 소망 충족이다. 꿈 형성은 의식적이며 깨어있는 생활로부터 남겨진 소망 충동을 우리가 뒤로 밀어 놓으려고 하면서 발생한다. 어쨌든 현실과는 맞지 않을 때, 사람들은 잠시 자신의 꿈을 뒤로 감추어 둔다. 꿈을 자신의 의식 저편으로 밀어 놓는 것이다. 그리고 가끔씩 그것을 꺼내어 보며 자기만족을 한다. '언젠가는 할 수 있겠지' 하고.

살아가는 동안 우리는 그 언젠가를 만들어야 한다.

잠시! 의식 저편에 밀어 놓았던 그 꿈을 실현해 봐야 하지 않을까? 그렇게 하기 위해서는 몇 년의 시간이 필요할 것이다. 또한 현실의 생활이 어렵더라도 그 언젠가라는 기회를 만들기 위하여 준비해야 한다. 준비된 자만이 기회를 만들 수 있으니까 말이다. 앞으로 그 요건을 살펴보려 하는데, 먼저 경제력이 있어야 한다.

| 나잇대별 재테크 전략 |

20대부터 30대의 노후 준비

- 노후 계획하기

  사실 실감이 나지 않을 것이다. "내 나이가 몇인데 벌써 노후 준비냐
  고", "돈 쓸 일이 얼마나 많은데", "벌써부터 쪼들리며 살기 싫어" 등
  등. 그러나 버는 것보다 쓰는 게 많아도 계획이 필요하다.

- 최대한 일찍 저축하여라

  "저축할 돈이 어디 있어", "학자금 대출도 갚아야 하고 여유가 없어."
  그러나 한 달에 100,000원만 적금을 들어 보자.
  100,000원*12달*5년=6,000,000원
  겨우 이 돈으로 뭘 하나 할 것이지만 아마도 아까워 쓰지 못할 것이다.
  이런 돈이 종잣돈이다.

- 3종 연금을 확보 하라(국민연금, 퇴직연금, 개인연금)

40대의 노후 준비

- 노후 자금 준비와 자녀 교육비의 균형을 맞추어라

  30대에 결혼하더라도 40대엔 자녀가 초등학교에 다닐 것이다. 그리
  고 자녀가 초등학생이라면 한 명당 평균 학원을 3개에서 4개 정도
  는 다닐 것이다. 과연 그렇게 많은 학원에 다닐 필요가 있을까? 학원

공부가 자녀에게 얼마의 도움이 될 수 있는지 충분히 자녀와 상의해 볼 필요가 있다. 그러나 이 시기만 해도 정상적이 직장 생활을 하는 사람은 경제적으로 궁핍하지 않을 것이다. 이 시기에 집도 늘려가고 필요한 것들도 사고 비싼 취미 활동도 할 것이다.

그러나 지금의 여유보다는 몇 년 후를 고민해야 한다.

50대의 노후 준비

• 국민연금을 받기 전 소득 공백기를 대비하라

이 시기는 회사에서도 어느 정도의 직위에 올라 있지만, 눈치가 보일 수밖에 없다. 명예퇴직할 수도 있고, 자발적인 사퇴를 할 수도 있다. 이때가 가장 어렵다. 이 시기를 준비하기 위하여 자신만의 노하우를 만들어야 한다. 또, 눈높이를 낮추어야 한다. 미리 자격증을 준비하고, 기술도 배우고, 현재의 시장 상황도 살펴보아야 한다. 경험 없는, 섣불리 시작한 창업은 지금까지의 생활을 밑바닥으로 떨어트릴 수 있다. 자신의 직장에서 자신만의 노하우를 만들어 오히려 회사가 자신의 눈치를 보게 하는 것도 한 방법이다. 하지만 현실적으로 많이 어렵다.

• 자녀 결혼자금 준비

자녀들의 결혼자금은 부모가 일방적으로 도와주기보다 결혼 이전부터 자녀들이 미리 자신의 수입을 관리해 스스로 모을 수 있도록 해야 한다. 자녀들이 결혼자금은 으레 부모가 주어야 한다는 생각을 못 하게 하고, 앞으로의 생활도 스스로 꾸려가도록 해야 한다.

통상적으로 부모가 자식보다 먼저 가는데, 가끔 부모 자신이 더 살 것 같이 생각하여 자식들의 생활에 간섭을 한다. 그러면 자식들이 스스로 생각하고 판단할 수 있는 시간을 주지 않는 것이 되기에, 어려운 일이 닥쳤을 때 스스로 헤쳐나갈 수 있는 인내심과, 자립심이 없어 무너지는 자식들이 생긴다. 그것은 진정 자식을 사랑하는 마음이 아닐 것이다.

• 의료비 준비

이 시기에는 소득이 줄어들 것에 대비한 의료비 준비를 하여야 한다. 없는 사람이 보험에 가입한다고, 각 보험 회사 약관을 살펴서 보험 하나쯤은 가입하여 과다한 의료비가 들어갈 수 있는 시기를 준비해야 한다. 이 시기에 가입하지 않으면 가입이 어려울 수도 있고, 불입금이 많아질 수도 있다.

60대의 노후 준비

• 남은 생애에 대한 소득을 확보하고 장수 리스크에 대비하라

이 시기에는 소득이 줄어들거나 없을 수 있다. 투자 자산은 현금화하고 보수적인 자산관리를 하여야 한다. 보유 자산이 있으면 주택 연금을 이용하는 것도 좋은 생각이다. 연금 수령액은 주택 금융 공사로 문의하면 알 수 있다. 단, 주의할 점은 주택 실소유자가 돌아가시고 배우자만 남게 되면 집을 비워주어야 할 경우가 생길 수도 있다. 또 자녀들이 상속을 포기하지 않으면 같은 경우가 생길 수 있다. 그러니

까 주택 연금을 신청할 때는 자녀들과 충분히 상의 후 하여야 할 것이다. 주택 소유를 부부 공동명의로 하는 것도 하나의 방법이다.

| 배우자와의 관계(가족) |

다음은 가장 가깝고도 먼 배우자와의 관계 정립이 중요하다.

노년의 행복은 배우자와의 관계에 의해 결정된다. 은퇴한 여자에게 필요한 건 돈, 건강, 딸, 친구, 강아지이지만 은퇴한 남자에게 필요한 건, 아내, 와이프, 처, 마누라, 안사람이라는 이야기가 있다. 은퇴한 여자에게 필요한 목록에 남편은 없지만 은퇴한 남편에게는 절대적으로 배우자가 필요하다.

가족을 위해 평생을 직장에 충실하다 보니 가족들과 대화가 부족한 남편들이 퇴직 후 가족들과 어울리지 못하여 기름에 물처럼 생활한다는 사연이 종종 들려온다. 또, 퇴직하자마자 황혼 이혼을 요구받는 사례도 있다. 남편분 입장에서는 무척 억울할 수밖에 없다. 외무 고시에 수석 합격한 한 여자분이 자신이 긍정적이고 적극적인 마인드를 가진 것은 꾸준한 아버지와의 대화라고 한 기사를 본 적이 있다.

노후에 그런 억울한 일을 겪지 않기 위해서라도 이런 생활을 해보는 것은 어떠할까?

- 명품 백을 사주지 말고 그 돈으로 여행을 떠나라

나의 20대는 지금도 이야깃거리가 풍성하다. 같은 회사에 동갑내기 7명이 함께 다녔기에, 지금도 연락을 하고, 모이면 그때 이야기를 지루한지도 모르고 나누곤 한다. 서로 생각나면 한 번씩 전화하여 안부를 묻고, 경조사가 있을 때 연락을 하지만, 공유한 추억이 워낙 많다 보니 항상 즐겁다.

등산 배낭이 없어 쇼핑백을 들고 안동에서 두 번 들어가는 버스를 타고 주왕산에 간 것, 교통편이 좋지 않아 새벽 5시에 집을 나와서 자정에 집에 들어가 엄청 혼났던 경북 봉화 청량산 등산, 지금은 다리가 있지만 배로 두 시간 걸려들어 간 선유도에서 군산 가는 배가 오지 않아 틈새 시간을 이용해 올라간 망주봉에서 바라보던 서해의 푸른 섬들… 동행했던 사람들은 지금 어디서 무얼 하는지 모르지만 추억만은 언제나 생생히 살아 있다. 이런 여행을 가족 혹은 배우자와 같이 다닌다면 이야깃거리는 언제나 풍성할 것이다.

가족 혹은 배우자와 사이가 소원해졌을 때 추억의 여행지를 다시 찾는다면 자연스러운 대화가 이루어질 것이다. 체력이 된다면 등산을 하는 것도 괜찮을 것이다. 산 정상에 올라서 말없이 가르쳐 주는 자연의 넉넉함을 그대로 담아 온다면, 가족과의 대화도 좀 더 여유로워질 수 있을 것이다. 또한, 돌아갈 가정이 있다는 생각은 더욱 가정의 소중함을 알게 할 것이다.

- 봉사하여라

초·중·고등학교에서 봉사를 의무적으로 하게 하는지는 몰라도 어쨌든 최근에 봉사하는 분들이 많이 늘었다. 시간이 된다면 가족 단위로 봉사활동을 하는 것은 어떤지 상의해 보자. 각 지자체 봉사 센터를 이용하는 것도 좋고, 자원봉사 센터를 이용하는 것도 한 방법이다.

- 평범한 삶을 살아라

- 가족과의 대화

가족과 대화할 때는 메시지와 베타 메시지를 정확히 하여야 한다. 메시지는 입 밖으로 나온 말과 문장의 뜻으로 누구나 사전과 문법책만 있으면 알아낼 수 있는 의미이고, 대화의 당사자들이 똑같이 해석하는 것이다.

반면 베타 메시지는 입 밖으로 나오지 않아서, 혹은 설사 나왔더라도 너무 짧아서 우리가 이리저리 맥락을 짚어봄으로써 해석하게 되는 뜻이다. 다시 말해 어떤 말이 어떤 식으로 발화되는지 또는 누가 그런 말을 하고 있는지를 따져보고 혹은 그런 말이 발화된다는 사실 그 자체에 토대해 해석하는 뜻이다. 베타 메시지는 말 자체가 드러나지 않기 때문에 다루기가 어렵다.

하지만 베타 메시지는 대체로 위안의 근원이며 상처의 근원이다. 가족이란 구성원들이 교감하고 말다툼을 벌이고 비밀을 털어놓고 함께 이런저런 일을 하고 소원해지고 화해하며 계속 연대가 바뀌는 만화경과 같다. 가족은 자신의 자존심이다. 가정이라는 울타리에서는 모든 것을 내려놓고 쉴 수 있어야 한다. 가정이 편안해야 바깥 일도 잘된다. 가정에서 제대로 대우를 못 받으면 밖에서도 제대로 대우를 못 받는다. 배우자에게 자신이 받고 싶은 만큼 대우해주면 그 이상의 대접을 받을 것이다.

- 여가 활동 함께하기

사실 여가 활동을 함께하기란 참 어렵다. 같이 산에 올라가고, 탁구나 배드민턴을 하고 등, 같이 할 수 있는 일은 많지만 대다수는 가족이 별도로 취미 생활을 한다. 어쩜 남편분들은 취미 생활 자체를 모르실 수도 있다. 이런 시기에 자신이 하고 싶은 것을 하는 것도 좋을 것이다.

나는 어르신들이 계시는 요양원에서 봉사한 적이 있는데 한 달에 한 번씩 봉사하러 오시는 색소폰 연주자 및 노래 공연자, 한국무용 공연자 등도 전문가라기보다는 취미로 배우셔서 자원봉사 공연을 하는 분들인 것 같았다. 이런 생활을 부부가 함께한다면 보람도 있을 것이다.

이 외에도 동물에 관심이 많으시다면 반려견 키우기, 구관조 돌보기, 열대어 키우기 등을 함께 하는 것도 좋지만 동물을 기르는 일은 반드시 부부의 취미가 맞아야 한다.

| 꿈을 찾아서 |

나이 70이면 아직 어린아이에 불과하고 80이면 청년이다.
90세가 되어 하늘의 부름을 받거든, 100세까지 기다려 달라고 돌려보내라.
우리들은 나이가 들수록 혈기왕성해지고 자식들에게 기대하지 않는다.
– 세계적인 장수촌 오키나와 현 북부 오기의 마을 앞 비석의 문구 –

직접 가보지는 않았지만 마을 입구에 이런 말이 써진 비석이 있다고 한다. 얼마나 자신 있고 당당한 문구인가. 인생 1막이 생존을 위한 처절한 삶이었다면 인생의 2막은 성취와 사면을 위한 삶으로 살아야 한다.

90대의 노 철학자가 쓰신 책에 이런 내용이 있다.

"정신적 성장과 인간적 성숙은 한계가 있다. 노력만 한다면 75세까지는 성장이 가능하다고 한다. 나도 60이 되기 전에는 모든 면에서 미숙했다는 사실을 인정한다. 나와 내 가까운 친구들은 오래전부터 인생의 황금기는 60세에서 75세 사이라고 믿고 있다. 지금 우리 사회에는 너무 일찍 성장을 포기하는 젊은 늙은이들이 많다. 아무리 40대라고 해도 공부하지 않고 일을 포기하면 녹스는 기계와 같아서 노쇠하게 된다. 차라리 60대가 되어도 진지하게 공부하며 일하는 사람은 성장을 멈추지 않는다."

나도 20대에 하지 못한 것을 다시 시작한 때가 40대 후반이었다. 공부를 시작한 것이다. 하루에 6과목의 기말고사를 봐야 했고, 중간중간 리포트도 내며, 중간고사도 봐야 했던 강행군이었다. 중간에 너무 지쳐 쉬기도 하고, 일 때문에 시험을 못 봐서 과락하면서도 졸업 점수를 다 채우고, 졸업 논문도 통과하여 남들은 4년 만에 잘들 하는 졸업도 나는 7년 만에 학위를 받았다. 그러나 그것으로 만족할 수 없어 대학원 진학을 생각해 봤지만, 금전적으로, 시간적으로 무리라는 생각이 들어 포기 후 다른 공부를 시작하였다. 정말 공부에는 끝이 없다. 10년 넘게 이것저것 보고 있지만 궁금한 건 너무 많고, 하고 싶은 것 또한 많다. 악기 연주를 배우는 것도 내 오랜 꿈이었다.

35년 전 친구의 결혼식이 끝난 후, 피아노가 있는 것을 본 친구 회사의 유치원 교사가 연주하여 들려주던 '아드린느를 위한 발라드'는 나에게는 충격이었다. 지나가다 피아노 소리만 들려도 '아! 피아노'라고 생각하곤 했었는데, 일주일에 혹은 이 주일에 한 번씩 배우러 가는 이 피아노 교습에서 내가 원하는 곡을 연주하게 되려면 얼마가 걸릴지는 모르겠다. 역시 이 주일에 한 번 교습을 받으러 가는 플루트도 내가 원하는 곡을 불 수 있는 날이 언제가 될지 모르겠다. 어쩌면 연주를 다 못 할수도 있을 것이다. 그러나 시작이 중요한 것이 아닐까?

사람이라면 누구나 꿈을 한 가지 이상은 갖고 있을 것이다. 그 꿈이 꿈으로서 끝난다면 너무 허망할 것이다.

나이는 숫자에 불과하다 생각으로 삶을 살아야 한다.

먼저 빈둥대지 말고 항상 움직여라. 앞에서 언급한 노 철학자는 90이 넘는 나이에도 일주일에 세 번은 수영을 하신다고 하신다. 나도 그 말씀에 매일 30분씩 본격적으로 수영을 배우기 시작했는데 8개월 만에 그만두었다. 이런저런 핑곗거리를 만들어서 다시 시작하려고 하는데 그게 쉽지가 않다. 우리 나이에는 건강 지킴이로 수영이 좋은 것 같다. 관절과 심장에 무리가 안 가면서, 근력을 키울 수 있어야 하기 때문에 건강에 이상이 없어야 자신의 꿈을 실현할 수가 있다. 그러기 위해서는 아울러 삼시 세끼는 칼같이 지켜야 한다. 요사이 요리 학원에 50대 남자 수강생이 많다고 한다. 물론 창업 때문에 오시는 분들도 있겠지만, 겨우 라면만 끓일 줄 아는 분들이 찾아와 자신의 요리를 하기를, 혹은 가족에게 요리를 해주기를 원해 배우시는 분들도 많다고 한다. 참 고무적인 현상이다.

"내일을 기약할 수 없는 이 나이에 그깟 일 뭣 하려고 해."
"나도 배울 만큼 배웠고, 사회를 알 만큼 아는데 뭘 더 배워."

이런 생각은 접어야 한다. 당당한 시니어가 되려면 호기심을 갖고 항상 배워야 한다. 지금까지 열심히 살아온 것처럼 자신의 남은 삶을 자신 있게 끌고 나가야 한다. 뒷방 노인이 아닌, 지금까지와는 다른 세상으로 나가야 한다. 그러면서 친구도 많이 만들고 참여 봉사도 하면서 세상살이를 함께 나누어 보는 것도 좋은 일이다.

　나는 노후 관리를 못 했다. 그리고 배우는 일도 상당히 늦게 시작하였다. 내 책상 위에는 제목이 「코스모스」인 책이 펼쳐져 있다. 무인도에 갈 때 이 책만 있으면 된다는 선전 문구가 있는 책이다. 천문학에 흥미가 있어 구입하였다. 하지만 구입한 지 몇 주가 지났는데도 아직도 눈앞에서만 맴돌고 있다. 책에 대해 욕심이 많아 한정판은 꼭 구입하는데 모 출판사에서 한정판으로 발간하는 인문학 서적 중 읽고 싶은 건 꼭 구입해 책장에 꽂아 둔다. 10년 동안 읽을 책들이다. 열심히 배운다면, 내가 좋아하는 차이콥스키 피아노 협주곡은 연주 못 하겠지만 아드린느를 위한 발라드는 연주할 수 있을 것이다. 플루트로 생상의 서주와 론도를 위한 콘체르토는 연주 못 하겠지만 예스터데이는 연주할 수 있을 것이다. 한 장씩 한 장씩 읽어내려 가다 보면, 언젠가는 「코스모스」도 다 읽어 독후감을 쓰고 있을 것이다. 이 요원한 꿈들이 언제 이루어질지는 나도 모르겠다. 하지만 자신이 이루고자 하는 꿈이 있다는 것은 행복한 일이 아닐까?

꿈은 곧 희망이다.

산 너머 무지개가 생기는 데에도 시간이 필요할 뿐이다. 꿈이 있는 인생은 행복하다. 「그대 아직도 꿈꾸고 있는가」 소설 제목처럼 꿈이 있는 생활은 희망이 있는 것이고 희망이 있는 인생은 축복받은 인생이다.

[참고 문헌

지그문트 프로이트, 「꿈의 해석」

김형석, 「백년을 살아보니」

15장

시니어를 위한
소통리더십 노하우

황 다 미 자

◆ 한국시니어플래너지도사협회 교육이사
◆ 액티브시니어 지도사
◆ 이화여대 교육대학원 석사
◆ 숙명여대 평생교육원 시니어플래너지도사과정 주임강사
◆ 이화여대 평생교육원 시니어플래너지도사과정 강사
◆ 미국 TESOL 협회 정회원

시니어를 위한 소통리더십 노하우

우리나라는 2017년 고령 사회로 접어들면서 100대 시대를 논하는 사회가 되었다. 인생을 어떻게 하면 더 지혜롭고 즐겁게 살아갈 수 있을까? 자기 자신에게 물으면서 고민할 시기이다.

이 세상에서 가장 어려운 일은 바로 자기 자신(Self)을 경영하는 데 있다.

"자신을 믿어라. 자신의 능력을 신뢰하라.
긍정적이고 확실한 자신감 없이는 성공할 수도 행복할 수도 없다."
– Norman Vincent Peale(노르만 빈센트 필) –

인생을 살아가면서 선택의 기로에 설 때마다 나는 이 말을 떠올린다. 나는 현재 인생 2모작을 새롭게 꿈꾸고 실행하고자 노력하면서 행복감을 느낀다. 새로운 변화, 새로운 도전은 날 항상 설레게 한다. 나는 그것을 준비하는 과정을 즐긴다. 되돌아보면 내게 항상 쉬운 길이 있는데 불구하고 왜 어려운 길을 택하였을까?라는 의문이 들 때가 있다. 나는 늘 변화를 추구했기 때문이라는 생각이 든다.

한국에서의 첫 직장은 대학도서관 사서였다. 도서관을 마치 나의 서재처럼 두고, 원하는 책을 마음대로 읽을 수 있어서 행복했다. 그 후 한국에서의 안정되고 편안한 삶을 포기하고 미국에서의 힘든 이민생활을 선택했다. LA 근교 라크라센타에서 13년 정도 살다가 한국으로 다시 돌아왔다.

미국에서의 삶은 자녀교육, 비즈니스 운영, 학교생활 등 힘들고 쉽진 않았지만 내 인생에 큰 자양분이 되었고 다양하고 많은 경험을 했다. 미국에서 TESOL 공부와 자녀교육을 한 경험을 바탕으로 귀국 후 목동에서 영어 학원을 운영하며 바쁜 삶을 살았다. 시간에 쫓기는 삶을 살다가 내가 즐기고 공감하면서 여유 있는 삶을 보내는 방법은 없을까? 고민하였고, 그러다 연세대 미래교육원 시니어플래너지도사 과정을 만나게 되었다. 내가 시니어들과 공감하면서 즐겁게 보람을 느끼며 오랫동안 활동할 수 있다는 것에 대해, 배우는 동안 내내 가슴이 뛰고 행복했다.

지금도 새로운 도약을 위해서 계속 교육을 받고 자격증(액티브시니어지도사, 이미지컨설턴트, 산업카운슬러, NLP 2급 상담지도사, 7ST 인간관계지도사)을 따고 끊임없이 변화를 시도하며 전문강사로서의 삶을 준비 중이다. 100대 시대에 남아있는 인생을 행복하게 보내려면 다양한 사람들과 소통하는 능력이 필요하다. 우리는 고정된 사고에서 벗어나 상대를 이해하고 배려하는 마음, 긍정적인 마인드로 칭찬하며 소통(커뮤니케이션)하는 방법을 길러야 한다. 거기에 다른 사람을 행복하게 만드는 세련된 굿 매너를 더하면 더없이 훌륭한 인간관계를 맺으며 행복한 삶을 살 수가 있다.

행복은 멀리 있는 것이 아니고 내가 선택하는 것이라고 한다. "사람이 얼마나 행복한가는 감사하는 마음의 깊이에 달려있다." 존 밀러는 말했다.

"Gratitude is a great attitude(감사하는 것은 멋진 태도이다)"

CA 주립대 교수 로버트 에몬스(Robert Emmons)는 '감사하는 감정이 풍부한 사람들은 행복도가 높다'고 말했다. 감사하는 습관은 기본적인 매너를 넘어 자기 자신의 행복으로 연결된다. 돈도 안 드는 사고방식을 조금만 바꾸면 이렇게 큰 효과를 볼 수 있다. 감사를 느끼는 마음이 생기면 긍정적인 마음이 마음속에 오랫동안 머무른다. '시니어를 위한 소통리더십 노하우'에서는 행복한 삶을 살기 위한 방법을 알려주고자 한다.

행복의 전제조건

"내가 행복해지려면 주변 사람을 행복하게 만들어야 한다."

활기차고 긍정적인 마인드로 상대방과 인간관계를 좋게 하는 소통을 잘해야 한다. 긍정적 태도는 성취감과 즐거운 삶을 살아가는데 매우 중요하다. 긍정적 태도는 긍정적인 감정을 경험하게 해서 우리를 행복한 사람으로 이끈다. 나 자신과의 소통, 가족과 친구 그리고 사회에서 서로 소통이 잘 이뤄질 때, 우리 사회의 행복지수를 1도 높일 수 있다. 따뜻한 감성으로 공감을 주면 사람들에게 매력적인 인상을 주고 나를 생각하는 여운을 오래 남긴다.

나는 가끔 자신에게 최면을 걸고 칭찬한다. "너 정말 잘하고 있어!" 나뿐만 아니라 이렇게 주변 사람들을 칭찬하면 따스함으로 대인관계가 좋아지고 팀워크까지도 원활해진다. 시니어들의 공감능력은 오랜 세월 동안 살아온 고정관념과 고집으로 자기주장이 강해 소통을 단절시키는 경우가 많다. 이때 원활하고 매끄러운 소통에 예의 바른 굿 매너를 더하면 자신감 넘치고 매력적인, 인기 있는 시니어가 될 것이다.

여기에서 매력적으로 사람의 마음을 사로잡는 방법을 알려드리고자 한다.

공감능력 "상대를 존중하는 데서 관계 시작"

우리 모두는 상대방으로부터 존중받고 싶어 한다. 존중받기 위해서는 먼저 상대방을 존중해야 한다. 데일 카네기는 "인간관계에서 가장 중요한 것은 상대로 하여금 자신이 중요한 사람임을 느끼도록 만드는 것"이라고 했다.

소통의 사례로 2012년도 시세이도 화장품 부회장의 기조연설을 잠깐 소개해 드리고자 한다. 부회장은 기조연설에서 '올해부터는 영업목표량을 없애고, 그 대신 하루에 고객과 소통하는 방법을 제시했다. 고객에게 화장품설명은 절대 하지 말고, 혹시 고민 있습니까?라는 질문을 한 뒤 30분씩 경청한 것을 리포트로 작성해 올리는 방법을 선택했다'라고 말했다. 그 결과 시세이도 화장품의 매출은 3년 후 3배로 늘어나게 되었다. 이처럼 기업에서도 소통이 점차 중요시되는 시대가 됐다.

살아가면서 우리에게 필요한 지수에는 IQ(지능) 지수, EQ(감성) 지수, NQ(공존) 지수가 있다. 과거에는 수직적인 IQ와 EQ가 중요시되었다면 현대사회는 더불어 사는 능력, 타인과의 의사소통을 중요시하는 NQ가 점점 중요시되고 있다. 요즘 대기업 인사팀에서는 머리만 좋은 신입사원보다는 사회성인 NQ가 좋은 소통이 잘되는 직원을 더 선호해 선발한다. 그래야 원활한 의사소통으로 팀워크가 잘 이루어져 기업의 이윤을 높이고 또한 이직률도 낮아지기 때문이다.

| 의사소통 유형 |

의사소통에 영향을 미치는 요인에는 나, 상대방, 환경이 있다.

아래 5가지 의사소통 유형을 살펴보면 회유형, 비난형, 초이성형, 산만형, 일치형을 볼 수 있는데, 그중 가장 바람직한 소통유형은 바로 일치형이다.

부적절한 의사소통 유형과 특징

- 회유형: 나는 없고 상대방과 상황만 있는 유형이다.

  너무 친절하고 상대방의 기대에만 초점을 맞춤으로써 본인은 억울하고 답답하며, 행복하지 못한 케이스이다.

  해결책: 자존감을 높이고 자기를 높여야 한다.

- 비난형: 상대방은 없고 나와 상황만 있는 유형이다.

  타인은 배려하지 않고 자기주장이 상당히 강하다.

  해결책: 자신을 내려놓고 상대방의 이야기를 들으려고 노력하는 것이 중요하다.

- 초이성형: 나와 상대방이 없고 오로지 상황(Fact)만 있는 유형이다.

  객관적인 지식은 풍부하나 인간미가 없다.

  해결책: 자신과 타인에 대한 배려, 공감능력이 필요하다.

- 산만형: 자기, 상대방, 상황에 관심이 없고 엉뚱한 곳에 관심이 많다.

  3차원적인 사람, 럭비공, 사오정 같은 사람들이 이 유형에 속하며 창의적이며 유머러스하다. 조직생활, 인간관계에서 위험하며 왕따를 당할 수 있다.

  해결책: 전체 맥락에서 상황을 살펴야 한다.

바람직한 의사소통 유형: 일치형

감정과 행동의 일치로 기능적이며, 현실의 문제를 바람직한 방법으로 해결할 수 있는 능력을 갖고 있다. 일치형의 의사소통은 자신감이 있고 사회생활을 잘해서 행복하게 잘살 수 있으며, 성공할 확률이 가장 높다. '나를 알고 적을 알아야 백전백승이라'고 했다. 나의 의사소통 유형을 알게 되면 상대방이 왜 그렇게밖에 행동할 수 없었는지를 이해할 수 있게 되고 그 이후에 어떻게 하면 관계가 개선될 수 있을지도 알게 된다.

자존감과 칭찬

자존심은 상대를 의식하고 상대방과 비교하게 하는 부정적 개념이다.

그러나 자존감이 있으면 나에 대한 자긍심과 자신감이 있어서 상처를 안 받게 된다. '나는 나니까'라는 신념을 통해 상처를 안 받고 회복탄력성을 가진다. 자존감을 높여야 긍정적인 사람이 된다. 또, 칭찬을 많이 받은 사람은 긍정적인 사고를 한다.

나는 자녀들이 자랄 때 칭찬을 많이 해 주었다. 또한 연주 무대에 서서 악기를 발표할 기회를 많이 만들어 주었다. 그 결과 딸의 자존감과 자신감은 높아졌다. 큰딸이 고등학교 때, 친한 친구들 세 명과 부모님들이 같이 모여 있던 자리에서 친구 엄마가 "너는 나중에 어떤 일을 하고 싶니?"라고 묻자 내 딸이 "제가 나중에 타운에 치과를 오픈할 테니 그곳으로 꼭 오세요. 제가 치료해 드릴게요"라는 답을 해 나는 깜짝 놀랐다. 아직 대학교에 합격하지도 않았는데 못 들어가면 어쩌려고 저렇게 이야기할까? 나는 창피해서 고개를 못 들었다. 하지만 그 후 딸아이는 정말로 뉴욕에서 소아치과 전문의가 되었다.

덕분에 나는 미국에 가면 치과 진료를 받고, 멋진 레스토랑에서 맛있는 음식도 딸에게 얻어먹고 오곤 한다. 딸의 어린 시절에 자존감을 키워주고 칭찬해 주었던 것이 부메랑처럼 돌아와 사회에서 전문가로 활동하고 있는 모습을 보니 무척 뿌듯하다.

뉴욕 위트니 뮤지엄(Whittney Museum)
레스토랑에서 큰딸과 함께

바로 경청이 답이다

스티브 잡스는 자신을 CEO가 아닌 CLO (최고 경청자)로 소개했다. 그는 애플의 사원들과 고객의 말을 경청하여 기존사고의 틀을 깨고 핸드폰에 컴퓨터를 탑재하여 발상을 전환했다.

경청의 청聽 자를 살펴보면 모든 의미가 포함되어 있다.

* 왕의 귀(큰 귀로 집중하여 모든 것을 들어라)를 가지고
* 열 개의 눈으로(눈빛, 표정, 태도까지) 모든 것을 보는 마음의 눈으

로 들어라.

- (상대와) 한마음이 되어 공감하라.

경청에는 1, 2, 3의 법칙이 있다.

1분 말할 때 2분을 들어주고 2분 말할 때 3번 이상 고개를 끄덕여라.
그러면 상대의 마음을 얻을 수 있고 인간관계가 좋아진다.

참된 소통 3단계

- 역지사지(상대방의 입장에서 머리로 생각하고)
- 역지감지(상대방의 감정을 가슴으로 느껴봐라)
- 역지식지(상대방이 먹는 음식을 먹었을 때 이해할 수 있다)

이러할 때, 진정한 소통이 이뤄진다.

'상대방을 이해한다는 것은 자신을 낮추어야 하는 것'이다.

Understand란, 위에 서는 것이 아니라 아래에 서봐야 이해할 수 있다는 뜻이다. 상대방의 밑에 서서 상대를 높인다는 뜻이다. 그로 인해 상대방의 이야기를 더 경청하게 되고 결국엔 이해하게 되어서 기분 좋은 소통을 할 수 있다. 원활한 소통은 인간관계를 개선하여 행복으로 이끄는 지름길이다.

| 세상에서 가장 영향력 있는 말 6가지 |

세상에서 성공한 리더들은 인사말인 '고맙습니다, 미안합니다'등의 말들을 일반 사람보다 훨씬 더 많이 사용한다는 통계자료를 하버드대학이 발표했다. 또한 예일대 교수 에릭 파이퍼(Eric Pfeiffer)는 세상에서 가장 영향력 있는 말 6가지를 제시했다. 그만큼 우리는 매너의 첫걸음이라 할 수 있는 사과와 감사하는 표현부터 자연스럽게 입버릇처럼 나오도록 익히는 것이 중요하다. 글로벌시대에 사는 우리는 비즈니스로 세계무대에 나가거나 여행할 기회가 많다.

문화의 차이로 발생하는 매너 부족으로 외국인들이 인상을 찌푸리는 일을 많이 보았고, 학생캠프를 이끌 때엔 여러 번 경험하였다.

가장 필수적인 것은 세련된 매너이다. 세련된 매너는 각기 저마다의 개성이 다른 인간관계에서 상대방을 이해하고 배려하게 함으로써 원활한 인간관계를 유지해 나가도록 하기 때문에 성공적인 만남의 기본이 된다. 매너는 자신의 삶을 풍요롭게 해줄 뿐만 아니라 사회를 밝고 경쾌하게 만들어 우리를 품위 있게 살아가도록 하는 방법이다.

해외에서나 국내에서나 매너의 기본개념은 상대방을 존중해주는 데 있으며 상대방에게 불편이나 폐를 끼치지 않게 편하게 배려하는 것을 말한다.

매너는 사교모임, 리셉션, 파티에서의 예의뿐만 아니라 공공장소에서의 질서, 공중도덕 등을 포함한다. 매너에 대해 무지하면 단순한 실수의 차원을 넘어 심각한 오해가 생기고 심지어 자신의 안전을 위협하는 사태가 발생할 수도 있다. 이는 문화적인 차이로 생긴다. 올바른 매너는 하루아침에 습관화되지 않으므로 자연스럽게 익히도록 꾸준한 노력을 하는 것이 중요하다.

좋은 매너를 갖기 위해 필요한 것

① 밝은 미소를 짓는다.

② 상대방과 시선을 마주한다.

③ 상대방의 이름을 기억하여 사용한다.

④ 분위기에 집중한다.

⑤ 상대방의 보디랭귀지를 잘 살펴본다.

⑥ 적당한 언어를 구사한다.

⑦ 상대방을 존경한다는 것을 보여준다.

– 글로벌 매너 코디네이션 참조

기분 좋은 의사소통을 위해 내가 먼저 밝은 표정으로 인사하고, 남의 말을 경청하며 지지해 주고 상대를 칭찬해 줄 때 좋은 인간관계는 유지된다.

시니어가 자존감을 가지고 다양한 사람들과 원활한 의사소통을 하고 품격있는 매너로서 상대를 존중해준다면, NQ 지수가 높아져 남아 있는 삶을 더욱 풍요롭고 행복하게 보낼 것이다. 나의 주장만 고집하는 따분한 시니어가 아닌, 다양한 세대와 융합하고 공감하는 액티브시니어가 되길 기대한다.

[참고문헌]

Eric Pfeiffer, 「Winning Strategies for Successful Aging」

표영호, 「소통으로 성공을 디자인하라」

신강현, 「글로벌 매너 코디네이션」

데일 카네기, 「인간관계론」

멘티School, 「사티어의 의사소통유형」

나를 찾는 여행! 액티브 시니어 3

펴낸날 2018년 10월 10일

지은이 김대정, 김선주, 강인숙, 김훈, 김선영, 민경자, 박은경, 송훈, 오영연, 윤영석, 이미선, 이혜란,
　　　　최유정, 허애리, 황다미자
펴낸이 주계수 ｜ **편집책임** 윤정현 ｜ **꾸민이** 최지은

펴낸곳 밥북 ｜ **출판등록** 제 2014-000085 호
주소 서울시 마포구 양화로 59 화승리버스텔 303호
전화 02-6925-0370 ｜ **팩스** 02-6925-0380
홈페이지 www.bobbook.co.kr ｜ **이메일** bobbook@hanmail.net

© 김대정, 김선주, 강인숙, 김훈, 김선영, 민경자, 박은경, 송훈, 오영연, 윤영석, 이미선, 이혜란, 최유정,
　　허애리, 황다미자, 2018.
ISBN 979-11-5858-476-4 (03190)

※ 이 도서의 국립중앙도서관 출판시도서목록(CIP)은 e-CIP 홈페이지(http://www.nl.go.kr/cip)
　　에서 이용하실 수 있습니다. (CIP 2018031402)